Georg Seeßlen – Natural Born Nazi

D1717570

Georg Seeßlen, geboren 1948, studierte in München an der
Kunstakademie und arbeitet als freier Journalist. Mitherausgeber und Autor der zehn Bände »Grundlagen des populären
Films«. Buchveröffentlichung u.a.: »Volkstümlichkeit. Über die
gnadenlose Gemütlichkeit im neuen Deutschland«, Greiz 1993.
»Tanz den Adolf Hitler«, Berlin 1994, ist der 1. Band der Studie
zum »Faschismus in der populären Kultur«.

Edition
TIAMAT
Deutsche Erstveröffentlichung
Herausgeber:
Klaus Bittermann
1. Auflage: Berlin, 1996
© Verlag Klaus Bittermann
Grimmstr. 26 — 10967 Berlin
Druck: Schwarzdruck Berlin
ISBN: 3-923118-79-1

Georg Seeßlen

Natural Born Nazi

Faschismus
in der populären Kultur
Band 2

Critica
Diabolis
57

Edition
TIAMAT

INHALT

Familienbilder

Beschleunigung und Regression
Das Amalgam des faschistischen Bildes

Altes Glück und neues Elend
Das Fernsehen zum Beispiel

Erzählungen des Nicht-Erzählbaren
Bilder des Nicht-Abbildbaren

Familienbilder

Vaterlos in der Küchenwelt

Meine Oma (väterlicherseits) war eine kleine, zähe und geduldige Frau, die über die Ordnung der Dinge und das Wohlergehen der Familie aus der Küche heraus wachte. Sie hatte ein dunkles Geheimnis, das sie zum Schweigegebot über beinahe alles brachte, was ihre Vergangenheit anbelangte. Sie war ein uneheliches Kind und bereit, ein Leben dafür zu büßen, daß ihre Mutter, eine Magd auf einem niederbayrischen Bauernhof, sich solcher Sünde schuldig gemacht hatte. Nie war die Rede, später, als man nach ihrem Tod und immer noch sehr vorsichtig über ihr Leben zu reden begann von einem Vater. Sie war eine Tochter der Sünde, das war alles.

Oma war mehr als bereit, für diese Sünde zu bezahlen. Sie war Klosterschülerin und fest entschlossen, den Schleier zu nehmen. Doch da begegnete sie Großvater, einem würdigen, wohlsituierten bürgerlichen Herrn, der sehr viel älter als sie war und wohl von den Seinen gedrängt wurde, den Stand der Ehe, schon um der Nachkommenschaft willen, doch noch einzugehen. Sonderlich standesgemäß war die Ehe nicht, aber Großvater galt sowieso als eigenbrötlerische Natur, die sich lieber im Arbeitszimmer als in Gesellschaft aufhielt. Er hatte einen herrlichen Vollbart, einen Ehrfurcht gebietenden Blick und einen gutsitzenden Hut.

Oma unterzog sich der wenigstens teilweise sanktionierten Sünde des Geschlechtsverkehrs, bis ihre Schwangerschaft diagnostiziert wurde. Dann verbannte sie Großvater ein für allemal aus dem Schlafzimmer. Oma zog sich in die Küche zurück, als müßten nicht nur die Eheleute, sondern auch die Klassen nach der unkeuschen aber notwendigen Vereinigung wieder fein säuberlich voneinander getrennt werden. Ich vermute, Großvater war das nur recht. Jedenfalls zog er sich in sein Arbeitszimmer zurück und zeigte vergleichsweise wenig Interesse an seinem Sohn, der Zeit seines Lebens die Küche als seinen bevorzugten Aufenthaltsort behielt, als einen Mittelpunkt der Welt, dessen Zweck und Funktion ihm freilich vollkommen fremd blieb. Er erklärte die Welt aus der Perspektive eines Küchen-Mutterbauches, in dem eine Dienerin und eine Mutter werkelte, die noch viel mehr Dienerin zu sein bestrebt war als die Dienerin selber.

In der Küche war er der geheiligte, tyrannische Mann, der gleichwohl in dieser warmen Weiberwelt immer manischer Bilder von Männlichkeit und phallischer Inszenierung häufen mußte, auf die die Bewohnerinnen der Küchenwelt ebenso entzückt reagierten, wie sie entsetzt und verächtlich auf die Männlichkeit des ausgesperrten, verschwindenden Vaters reagierten, der wie seine Klasse, das gesetzte, wohltemperierte sich seiner selbst wie seiner Grenzen bewußte Kleinbürgertum Süddeutschlands, auf eine scheinbar so sanfte Weise entschwand, daß keine Seelenarchäologie jemals herausfinden können wird, ob und welche Art von Schmerzen dieses Verschwinden begleiteten. Er starb nicht, er war nur irgendwann tot.

Und sein Sohn, mein Vater also, wütete in seiner Küchenwelt, durchbohrte ein Bildnis seines Ahnen mit dem naturgetreuen Spielzeugsäbel (das Bild wurde uns Kindern, wie eine seltsame Trophäe, später gelegentlich auf dem Dachboden gezeigt, ich weiß nicht mehr recht, zu welchem pädagogischen oder subversiven Zweck), weil man ihm erklärte, dieser Ahne sei nicht ganz und gar deutschen Geblüts gewesen, und schoß mit seinem Luftgewehr auf die Bewohnerinnen der Küchenwelt.

Er mußte seinen Ausbrüchen die Form hysterischer Anfälle geben; wie sonst wäre es möglich, die warme Weiberwelt zu verlassen, in der jede Inszenierung männlicher Gewalt mit der Vermehrung von Zinnsoldaten-Heeren, Phantasie-Uniformen und Spielzeugwaffen belohnt wurde, um in ein Draußen zu gelangen, das nach anderen, zugleich ersehnten und gefürchteten Spielregeln der Männlichkeit funktionierte? Dieser Junge konnte dort draußen kein Mann werden, er mußte sogleich und ohne Umschweife, wenn er die Küchenwelt verlassen wollte, Soldat sein. Nur in Uniform und nur bewaffnet konnte er überhaupt nach draußen gehen. Sobald Uniform und Waffe fehlten, war er wieder das Kind, das nur in der Küchenwelt straflos wüten konnte.

Auch konnte dieser Junge nie ein guter Bürger werden. Das Stigma der vaterlosen Geburt seiner Mutter, von dem offenbar pausenlos, wenn auch auf vollkommen metaphorische und mythische Weise, in der Küchenwelt die Rede war, verbot es ihm nicht weniger als das Schicksal des eigenen Vaters, der aus der Küchenwelt so sehr ausgeschlossen war wie aus der Welt der Kriege und Geschichten, die sich der Sohn mit solchem Eifer zur eigenen Mythologie zurechtlegte. Der Schoß der Kirche war ihm versperrt, einer Kirche, die soviel Zucht verlangte, daß man bis ins dritte und vierte Glied nur mit genausoviel Ordnung reagieren konnte. Mann und Bürger zu werden, das mußte wohl heißen zu verschwinden und irgendwann tot zu sein, ohne zu sterben.

Die Alternative zum verschwundenen bürgerlichen Vater konnte nur der militärische Führer werden, der allmächtige Lenker, der immer hinaus führte und gleichwohl den anderen geheiligten Ort, die Küche, unangetastet ließ. Der Kaiser, der Feldherr, der Führer war die durch und durch pathetische, durch und durch »gedachte« Verbindung des abwesenden Vaters mit dem auf eine seltsame, aber nichtsdestoweniger überaus spürbare Weise abwesenden Gott: Der Vater war der verschwundene Mann, und Gott war der verschwundene Vater, der sich der Mutter verweigert hatte, so wie diese sich dem Vater verweigert hatte; der neue Supervater und phallische Halbgott mußte auf eine strenge und reglementierte Art ausgleichen, was an den beiden sich so enttäuschend gezeigt hatte, ihre Unfähigkeit, die

Mutter zur Frau zu machen, und die Maßlosigkeit der semiotischen Männerherrschaft in der Küche.

Oh ja, es mußte Ordnung gemacht werden, endlich Ordnung! Der Tumult mußte aufhören, dazu ging man nach draußen, diese verletzende Unordnung des Familienromans, diese ungewisse Lage der eigenen Empfindung in der bürgerlichen Welt, die so grausam sein konnte, jemanden, der all ihre Insignien, all ihren Besitz, alle ihre Macht hatte, dennoch nicht zu sich gehören zu lassen. So durfte keine Klasse mehr sein, nur noch Ordnung.

Sie konnte nur dreierlei garantieren: Das unbedingte Wirken von Befehl und Gehorsam, die vollständige Öffentlichkeit und Gleichrichtung aller Äußerungen des um seine Selbstvergewisserung ringenden Ich und der umfassende Krieg gegen die Mächte des Chaos, aber auch gegen eine mögliche Rückkehr der verschwundenen Väter, die nicht befehlen wollten, sondern mit müder, mahnender Stimme nach einer Begrenzung der maßlosen Ich-Ausdehnung und Ich-Auflösung verlangen.

Die Welt zu unterwerfen – und nur als unterworfene war sie zu ertragen – konnte nur gelingen, wenn man selbst ein vollkommen Unterworfener war. Und nur im Schutz der umfassendsten aller Ordnungen, mit einer um so viel größeren Sache im Rücken als der Legitimation des Familienromans konnte die zweite große Aufgabe nach dem Verlassen der Küchenwelt bewältigt werden, die Suche nach der bürgerlichen Frau, die jede Erinnerung an den Makel der bäuerlich-mägdischen, unklaren, sündhaften Herkunft auslöschen. Der Mensch (oder sein gesellschaftliches Double), den man zur eigenen Erlösung brauchte, das Ikon vollständiger Dazugehörigkeit, konnte erzielt werden nur in einer Welt, die einerseits nicht mehr nach den Regeln der bürgerlichen Gesellschaft funktionierte, andererseits aber ihre Werte und Versprechen noch zu erfüllen imstande war: Nur als Unterworfene konnte das Paar aus den zerbrochenen Klassen und Kulturen zueinander kommen.

10

So unklar die Herkunft, den Makel der (Groß-)Vaterlosigkeit ins Ideologische und Rassische gekehrt – waren nicht uneheliche Kinder beinahe das gleiche wie Zigeuner? –, so rein und eindeutig sollte die Zukunft sein, blond, arisch, bürgerlich. Der Blick in die Welt hatte nur zwei Daseinsformen, eine vollkommen unterworfene, geformte und durch Befehle und Gehorsam geregelte Gegenwart und eine Vergangenheit, die alles erklären mußte, die Niederlage des deutschen Volkes, die das große Bild der eigenen Niederlage war, verstoßen von der eigenen Klasse zu sein und keine andere zu sehen, die einen aufnehmen hätte können, verstoßen aber auch von der großen Mutter Kirche, die der wahren Mutter nicht die Sünde verzeihen durfte. »So hat es Geschichte gegeben, aber es gibt keine mehr«, hat Marx über das Bürgertum gesagt, und es wiederholte sich in der Seele so vieler einzelner.

Hoher Norden

Großmutter (mütterlicherseits) war eine zierliche, herzkranke Frau, die Musik liebte und der immer ein entscheidendes bißchen mehr zugemutet wurde, als ihr schwacher Körper ertragen konnte. Mein Opa dagegen (er würde es später hassen, so genannt zu werden) war ein Koloß von einem Mann, einer, den nichts unterkriegen konnte, und der mit dem Wahlspruch »Nur nicht weich werden« nach jedem persönlichen oder kaufmännischen Rückschlag, und deren gab es einige, ein neues Unternehmen anging und dabei niemals wirklich den bürgerlichen Status seiner Familie gefährdete. Die drei Kinder spürten zu jeder Sekunde ihres Lebens die Allgegenwart dieses Patriarchen, der eine durch Belohnung und Strafe geregelte, ausgedehnte bürgerliche Wohnlandschaft überragte und jedes seiner Privilegien sichtlich genoß. Seine Kinder, zwei Töchter und einen Sohn, trieb er durch das, was er für eine angemessene Ausbildung hielt, und schickte sie in die Fährnisse der natürlichen Welt, auf die Segelboote und ins Gebirge. Tüchtigkeit war das Gebot, aber eine Tüchtigkeit, die ihren Lohn nicht in sich selbst, sondern im Genuß des Lebens fand. War Opa egoistisch? Die Frauen in seinem Haus nannte er ironisch seine »Sklavinnen« – und meine Mutter noch in späteren Zeiten seine »Lieblingssklavin«, was meinen Vater, der viel mehr als Opa den Krieg verloren zu haben schien, heftig empörte, und je empörter mein Vater war, desto mehr schien Opa das Leben zu genießen. Er mußte diesen unterworfenen Unterwerfer, der so kläglich gescheitert war, wohl als ewigen Stachel im Fleisch betrachten. Denn nachdem der Krieg verloren war, waren die alten bürgerlichen Regeln wieder in Kraft, mehr oder weniger modernisiert.

Großmutter liebte auf ihre stille Art das Leben, vor allem das Leben in dem geschützten Innenraum. Nur das furchtbare Drängen nach draußen, diese Sucht, beständig die eigene Tüchtigkeit zu beweisen, konnte sie nicht verstehen. Wie sollte sie auch wissen, wie sehr die Wohlordnung ihrer Welt durch den Besitz in Frage gestellt war, wie sehr es nicht mehr eine Frage des Standortes, sondern eine Frage der Bewegung geworden war, zu der Klasse zu gehören, zu der sie sich beim besten Willen kein Jenseits vorstellen konnte. Gewiß, es gab Bauern und Fischer und Handwerker, alles sehr nette, brave Leute, mit denen man des Sonntags auf plattdeutsch über das Wetter redete. Solange jeder auf seiner Seite blieb, brauchte man um den sozialen Frieden nicht bange zu sein. Opa hingegen mußte diese Grenzen immer wieder überschreiten, die bürgerliche Kaufmannsfamilie mußte sich beständig öffnen, machte Geschäfte auch mit Menschen, die man ein paar Jahre zuvor bestimmt nicht zum Nachmittagskaffee gebeten hätte, fiel so oft auf »Gauner« herein, daß man gar nicht bemerkte, wie viel Gaunerei schon im eigenen Betrieb herrschte. Opa wußte, daß die Dinge nicht mehr so werden würden, wie sie einst waren, und so riet er schließlich seinen Töchtern zu einer ordentlichen Ausbildung, bevor sie ans Heiraten dachten. Opa verband alte preußische

Tugenden mit einem sachlichen Blick auf Fortschrittlichkeit, er sah sich als »Weltbürger«, den es auf sich öffnende Märkte trieb. Und doch mußte eine Regierung, die immerfort »weich« wurde, schuld daran sein, daß es keine Stabilität mehr gab, die Inflation weichte buchstäblich alle Ordnungen auf; es war nicht nur der Verlust von Besitz und Einfluß, es war diese höhnische Genauigkeit, in der die Inflation die bürgerlichen Werte vernichtete. An ihr hätte in jedem Fall jemand sehr anderes schuld sein müssen, etwas »Hartes« im draußen, etwas »Weiches« im drinnen. So entstand auch hier, widerwillig zuerst, die Gleichung zwischen dem eigenen und dem Schicksal der Nation und ein unklares Bild des »Feindes«, der die Schuld an der Zersetzung der eigenen Kultur tragen mußte. Es ist die große Enttäuschung über die eigene Klasse, die sich in die Sehnsucht nach dem verlorenen »alten Glück« mischt und einen seltsam morallosen Zorn gebiert. Der Bürger hilft dem Bürger nicht, wenn der in Not ist; so mußte der Haß auf die allernächsten, auf die eigene Klasse irgendwo hin.

Aber auf der anderen Seite hatte er seine Ehre als Offizier, die galt, gleichgültig, wer politisch an der Macht war. Die Neuordnung der Märkte, die Offiziersehre, der Glaube an den technischen Fortschritt, der Bewegungsdrang und die Tüchtigkeit, all das machte ihn zum idealen Parteigänger der Faschisten, bei denen er sich nie sicher war, ob er sie mehr verachtete oder mehr bewunderte.

Als die Familie wieder einmal ihre körperliche Tüchtigkeit zeigen wollte, starb Großmutter im Meer. Da hatte der Faschismus schon begonnen, und die Vorbereitung auf den Krieg war in vollem Gang.

Die nationale Wiedergeburt

Man traf einander in einer tiefen Störung: Die Gesetze der eigenen Klasse waren gar nicht mehr zu erfüllen gewesen, und was an Kommunikation untereinander stattgefunden hatte, das war das Weitergeben von immer unerfüllbareren Regeln, immer mehr angehäufter Schuld, immer größer werdenden Schatten, von immer virtuelleren Mächten. Die Klasse hatte ihr Wohl so vollständig an die Nation und ihre Symbole gebunden, wirtschaftlich, kulturell, semiologisch und gar auch sexuell, daß zwischen einer nationalen und einer persönlichen Schmach gar nicht mehr zu unterscheiden war. Es war wohl vor allem die Klasse, nicht die Nation, die zwischen Größenwahn und Selbsthaß hin und her taumelte, und die Verluste, Auflösungen und Demütigungen dieser Klasse, deren Teilhaber weder Solidarität noch Konfliktvermögen erlernen konnten, sondern nur Anpassung, Gehorsam und Opferbereitschaft (nebst dem Talent, sich Genuß immer auf eine indirekte, geheime Art zu verschaffen), und die für eine Modernisierung im Dienste eines sich entwickelnden bürgerlich-demokratischen Kapitalismus, in dem Herrschaft nicht nur über Produktion, sondern auch über Konsumtion zu bestimmen hatte, denkbar unvorbereitet schien, auf ein nationales und völkisches Szenario so gern projizierte, wie alle Kränkungen – und es war eine Klasse der Gekränkten – auf die neu und doch aus vertrauten Phantasien gewirkten Bilder. Der gekränkte deutsche Bürger, dessen nationale Kompensationsmaschine nicht mehr funktionierte, faschisierte sich unter anderem, indem er aus dumpfen Vorbehalten berechenbare Feindbilder und aus den Feindbildern (das Bild des Gegners, den es zu besiegen gilt) Haßbilder formte (das Bild des anderen, das es zu vernichten gilt). »Nein, die Massen sind nicht getäuscht worden«, schreiben Gilles Deleuze und Felix Guattari im »Anti-Ödipus«, »sie haben den Faschismus in diesem Augenblick und unter diesen Umständen gewünscht.« Aber sind nicht wiederum »die Massen« eine mehr oder minder faschistische Erfindung? Die Dialektik der Massen und der Einzelnen, die den Faschismus (oder das eine oder andere Stück von ihm) gewünscht haben, setzt einen unendlichen Prozeß wechselseitiger Autorenschaft in Gang: der deutsche Kleinbürger erfindet sich den

14

Faschismus, und der Faschismus erfindet sich den deutschen Menschen.

Man konnte sich nur reinigen und bewähren, so mochte es scheinen, indem man eine Form fand, in der man voll und ganz von alledem absehen konnte, indem man sich so radikal in den Dienst von Volk und Nation stellte, das alle Schuld und alle Drohung von einem genommen waren. Und so begann man damit, die große Schande zu bearbeiten, den Umstand, daß die Väter im Ersten Weltkrieg verschwunden waren. Die einen, indem sie ihr Leben verloren hatten, die anderen, weil sie den Krieg verloren hatten, obwohl sie doch so stark waren; aber konnte einer, der einen Krieg verloren hat, wirklich so stark sein? Und die dritten, vielleicht die schlimmsten, die der Krieg »weich« gemacht hatte.

Wenn also das Scheitern nicht nur der Person, sondern der ganzen Familie, der ganzen Klasse an den selbst auferlegten Regeln und der Schwäche und dem Legitimationsverlust ihrer Repräsentanten nur dadurch zu bewältigen war, daß man alles, das Denken, das Fühlen, das Leben unter das Zeichensystem von Volk und Nation stellte, so bot sich der Feind im Inneren geradezu an: der Jude, der einem so vertraut, so unendlich nahe schien, unentdeckbar in der Regel, wenn nicht durch ein kompliziertes Verfahren der Entlarvung aus Stammbüchern und Akten, und der sich in eben diesen von einem selbst unterschied, nämlich nicht Volk und nicht Nation zu sein. Mag sein, es hätte gereicht, ihn aus dem Land zu jagen, ja, vielleicht hätte man sich sogar damit zufrieden geben können, ihn so weit einzuschüchtern, daß er einem nicht mehr gefährlich werden konnte. Aber man konnte ihn ja gar nicht mehr »aus dem Land jagen«, denn dieses Land war ja im Begriffe, das zu wiederholen, was sich in der eigenen Person abspielte, nämlich sich zugleich unendlich zusammenzuziehen, auf einen Willen, eine Vorhersehung zu reduzieren und sich unendlich auszudehenen: heute Deutschland, morgen die ganze Welt.

Den Juden zu vertreiben war also nicht nur unnütz,

sondern auch gefährlich, denn, wer weiß, dort draußen würde er wieder zum Teil der Welt, die sich der Ausdehnung widersetzte. Also ihn einschüchtern, ihm die Rechte nehmen, ihn womöglich ein wenig versklaven und die Verachtung spüren lassen? Das konnte nicht ausreichen, denn der Jude wurde umso gefährlicher, je sanfter er war, er wurde sozusagen umso gefährlicher, je ungefährlicher er war. Es war ja gerade seine Waffe, unbewaffnet zu sein, es war seine Anmaßung, angepaßt zu sein, es war seine Bedrohung, freundlich zu sein. Mußte man den Juden nicht umso mehr hassen, je mehr er ein guter Mensch war? Nicht, weil das nur Tarnung sein mochte, wie man in der Propaganda hörte, sondern weil er vielleicht gut, zivil, familiär sein konnte: Was ging denn in den jüdischen Familien vor, die entweder zu reich oder zu arm waren, um sich wahrhaft unauffällig zu machen, so daß man sich zwischen Neid und Verachtung gar nicht zu entscheiden brauchte? Waren vielleicht in diesen Familien die Regeln so, daß man sie gar befolgen konnte? Und konnten jüdische Menschen ganz einfach erwachsen werden, ohne Soldaten zu werden?

Der Haß auf den Juden komplementierte den Haß auf den Kommunisten. Vielleicht wollte der wirklich, in Konkurrenz zur eigenen völkisch-nationalistischen Sicht, die Welt erobern, und er hätte es möglicherweise tun können, ohne sich in solch fürchterliche Widersprüche zu verheddern. Vor allem aber wies der Kommunist auf eben dies hin, was unerträglich schien: die Klasse. Wollte sich die Klasse, wie es die Nation tat, ebenfalls zugleich unendlich ausdehnen und unendlich zusammenziehen?

Man mußte den Roten hassen und den Juden, die Ortlosen, die Nicht-Nationalen, Volksfremden, die die eigene Wiederauferstehung in Frage stellten, weder durch ihren Widerstand noch durch ihre Subversion, sondern durch ihr bloßes Dasein; und man mußte den ortlosen Zigeuner hassen und den familienlosen Homosexuellen, und man mußte den Intellektuellen hassen, nicht weil er sich vielleicht überlegen dünkte, während

16

er erneut Unübersichtlichkeit in die so mühsam geordnete Welt bringen wollte, sondern weil auch er – und wenn es eine Frau war noch mehr – zu den Modellen gehörte, wie man hätte leben können, ohne sich darum zu scheren, daß man die Regeln der Klasse und der Familie nicht erfüllen konnte, daß man versagen mußte und daß man nur national und völkisch wiedergeboren leben konnte. Der homosexuelle, herumzigeunernde, jüdische, kommunistische Intellektuelle, das war der Kerl, dem es einfach nichts ausmachte, daß der verschwundene oder entrationalisierte Vater unlösbare Aufgaben und unbefolgbare Regeln hinterlassen hatte, daß die Familien und Religionen ihre Mitglieder gleichsam strukturell verstießen, weil sie ebenso wenig perfekt waren wie die Soldaten im verlorenen Krieg, und in all ihnen war eine eigenartige, gefährliche Lust, nicht diese natürliche Lust des Fickens, anständig in der Familie und notwendig für den Mann, wenn er das Bedürfnis verspürt, sondern in verfeinerter, perverser Form eines endlosen Genusses, der gleichwohl die natürliche Kraft des Mannes in Frage stellt. Beschnittene Glieder! Frauen, die in Wagenburgen tanzen! Männer mit langsamen, fließenden Bewegungen!

So mußte zweierlei geschehen: die Ersetzung des Penis durch den Phallus (die Ersetzung eines zugleich organischen und perversen Körperteils – ist er nicht schuld gewesen an dem Leid, das über die Familie kam, die immer mehr Menschen aus der Kirche, der Klasse, der Schönheit vertreibt – durch ein machtvolles Symbol, das den Mann eher einem großen Tod zutreibt als ihm den kleinen Tod zu bescheren) und die Ersetzung des weiblichen Geschlechtsorgans durch das Gebärorgan. Der deutsche Mann unterwarf die Welt dem Phallus (und bekam zur gleichen Zeit eine Heidenangst vor dem Penis, weshalb faschistische Recken, darin ihren ansonsten so kläglich verfehlten antiken Vorbildern nicht unähnlich, in der Regel stählerne Entschlossenheit im Blick und in den Muskeln, aber ein eher kindliches Geschlechtsorgan aufweisen). Und die deutsche Frau unterwarf nicht nur sich selbst, sondern auch die Welt der Gebärmutter (welch ein Wort).

Und so kam es, daß einige Tage nachdem man die Schwangerschaft meiner Mutter festgestellt hatte, mein Vater in die Küche gestürmt kam, die nun nicht mehr von der verstoßenen und verstoßenden Magd beherrscht war, sondern von dem direkt vom BDM-Mädchen zur Mutter gewordenen Frau der bürgerlichen Familie, deren Reichtum nun zumindest semiologisch dem nationalen Anspruch weit unterlegen war, und mit leuchtenden Augen ausrief: »Es ist Krieg! Endlich ist Krieg!«

Meine Mutter erinnert sich so sehr und mit so nachhaltigem Schaudern an diese Szene, daß ich argwöhne, sie müsse in diesem Augenblick zumindest geahnt haben, daß die Rekonstruktion der Familie, die reibungslose Staffelübergabe zwischen den Familien, nicht vonstatten gehen würde. Und als erste Erfahrung, daß der nationalistische und völkische Mensch seine Erfahrung, seine Lust und seine Familie möglicherweise zu organisieren weiß, es aber nicht einmal die Art von Liebe geben würde, die den Vater zum Beschützer der Frauen in der Familie machte, zum Fixpunkt, auch wenn er sie dem Gebot der Tüchtigkeit opfern würde. Aber vielleicht hat sie diesen Augenblick nur erfunden, hundert ähnliche kleine Ereignisse zu einem dramatischen Auftritt verdichtend.

Der Körper

Aber in alledem war auch ein großes Wünschen. Ein Wünschen, das sich beständig im Kreis drehte. Oh wie groß war der Wunsch, die alte Ordnung, das alte Glück wieder zu errichten, das die Generationen zuvor, so schien es, leichthin und unverständig verspielt hatten. Und wie groß zugleich der Wunsch, etwas ganz anderes zu machen, sich zu befreien. Etwas mußte hinaus, und wollte doch zugleich zur Ordnung gerufen werden.

Der Körper, der weibliche Körper zumal, wollte endlich enthüllt sein, nicht schamlos und lüstern, wie man weibliche Körper in der Stadt enthüllte, sondern kräftig und natürlich.

Aber wie konnte dieser Körper aussehen? Es gab nur das Mädchen und die Mutter. Die Frau war Kleidung und mußte ihren Körper verbergen, nur das Mädchen und die Mutter waren Körper und durften stolz darauf sein. So war der Körper nur zu befreien, indem er in Tanz, Arbeit und Mythos gehüllt wurde: und dieser Mythos mußte es sein, der im nun befreiten und neu inszenierten Körper das Mädchen und die Mutter vereinten und sich gegen das weibliche Kind und die Frau verbanden. Das weibliche Kind war verdammt, unbedeutend, ja gefährlich zu sein, nur mit eben jener Zärtlichkeit wäre ihm zu begegnen gewesen, die die ganze Ordnung gestört hätte. Das weibliche Kind war weich und würde weich machen. Und die Frau war verdammt, denn sie war schutzlos, allein und konnte nur schmutzige Begierden auf sich ziehen. Und so wie wir ahnen, daß die Inszenierung des männlichen Körpers im »männerbündischen« des Faschismus nicht zuletzt der Abwehr einer sozusagen strukturellen Homosexualität diente, so mußte die neue Inszenierung des weiblichen Körpers nicht zuletzt ein eigenes Begehren abwehren. Nicht der männliche Blick, sondern der Spiegel ist der ärgste Feind dieses Körpers.

So trieb man auf eine Art Sport, die nicht allein dem Ausweis der Tüchtigkeit diente, nicht bloß eine symbiotische Rückkehr zu Natur und Gemeinschaft war, sondern vor allem der Inszenierung des eigenen Körpers zu dienen schien. Die Freiheit der Anmut indessen mußte ihre Begrenzung im Seriellen und in der Gemeinschaft finden. Die eigene Bewegung, die eigene Nacktheit wird in der Bewegung der anderen, der Nacktheit der anderen wiederholt und aufgehoben. Die Körper der Mädchenmütter der faschistischen Malerei und in den faschistischen Körperfilmen, nicht bloß bei Leni Riefenstahl, auch in einem immerhin noch preisgekrönten Freikörperkultur-Film wie »Natürliche Leibeszucht«

(1938, Regie: Kurt Reichert), ähneln einander so sehr, als müsse an die Stelle des Spiegels das Modell treten; es gibt sozusagen einen faschistischen Idealbusen, eine faschistische Idealhüfte, einen faschistischen Idealbauch, und all das hat vielleicht ein wenig mehr semiologischen Gehalt als der bloß hilflose Versuch, sozusagen normativ und seriell das barbarische Germanentum und die ersehnte Antike zu vereinen. Und man wollte hinaus, auch das eigene Wissen organisieren, studieren, vielleicht als Ärztin den Körper erforschen oder seine Krankheit erkennen.

Diese Inszenierung diente nicht nur der Abwehr der eigenen Widersprüche, sondern auch der Abwehr eines männlichen Blickes, der voller Panik auf eine weibliche Revolte blickte: die weiblichen Kommissare der russischen Armee, die »Flintenweiber«, die – Höhepunkt der Obszönität – immer wieder als »reitend auf den Kanonen« abgebildet und phantasiert wurden.

Der Mann und die Frau begegneten einander in wechselseitiger (von nun an kann ich sagen: faschisierter) Inszenierung und Wahrnehmung. Die Frau ist zugleich die Utopie des Mädchens und die Nostalgie der Mutter, der Mann planender Technokrat und heroischer Soldat. Man erkennt sich, indem man einander strukturell verfehlt, zwei Wesen, die sich um das herum inszenierten, was eine Beziehung erst möglich gemacht hätte.

Daß die Frau den Mann heiratet, um ihn sogleich in den Krieg zu entlassen, ist keine neue Erfahrung. Damit tut man nur, was die Mütter schon taten und was die »Backfisch-Literatur« nimmermüde beschrieb, wie in »Major Rayles Einzige im Kriegsjahr«: »Denn das muß doch die natürliche Sehnsucht eines jeden deutschen, weiblichen Wesens sein, jemand dabei zu haben, der mitkämpft fürs Heil des Vaterlandes.«

»Mayor Rayles Einzige« ist indes nichts anderes als die grausame Version all jener »Nesthäkchen«, die die Lieblinge der soldatischen Väter waren und die nicht anders konnten, als nach einem Ausweg zu suchen, denn diese Väter, deren ein und alles man war, waren durch

20

den Mann nicht zu ersetzen. Der einzige Ehemann, der den Vater nicht wirklich gefährden konnte, war ein toter Ehemann, ein Held, wenigstens ein Ehemann in weiter Ferne. Gab es eine Verschwörung der Offiziere und ihrer Töchter gegen die dummen Schwiegersöhne? Jedenfalls phantasierte das rechte Mädchenbuch der zwanziger und dreißiger Jahren von kaum etwas anderem.

Aber die Frau schickt ihren Mann nicht nur freudig von sich, um dem eigenen Zustand »Frau« zu entgehen, sondern auch in der Hoffnung auf eine Art Verwandlung. Das Böse ist um ihn und in ihm, es muß hinaus (und hat dort seine Berechtigung). Seine Sexualität wird gegen all das in der Welt gerichtet, das schon dem Vater widersprach. Das faschistische Lebensmärchen erzählt von dem Vater, der das Böse, das Weiche, Weibliche, Rote, Nomadische, Unordentliche, das Französische und Englische, Dekadente und Frivole, das Nichtdeutsche und Nichtnationale, das Nichtbürgerliche und Demokratische nicht bezwingen konnte, weil Verrat ihn hinderte. So gibt er die Hand der Tochter dem jungen Recken, seine Tat zu vollenden, aber dieser Sohn will stets das entscheidende Mehr; und statt die bürgerliche Ordnung des Vaters wieder herzustellen, fegt er deren Scherben zusammen und errichtet ein neues System der Herrschaft, in der die jugendliche Barbarei und die patriarchale Herrschaft zu einer spannungsvollen Komplizenschaft gezwungen werden. Und einmal mehr ist die Inszenierung des Körpers, des weiblichen zumal, Gestalt dieser Gemeinschaft.

Und doch steckt in der Inszenierung nicht zuletzt auch eine Revolte. Die Mutter hatte den Vater sozusagen im Dienst des Übervaters geopfert, des Kaisers, und für den Leib, das Reich. Dieses Opfer indes war nicht angenommen worden. Und in dem Eifer, in dem Tochter und Vater den Schwiegersohn in den Krieg schickten, steckte der Versuch, diesem Opfer doch noch zum Sieg zu verhelfen. Und diesmal mußte der Sohn geopfert werden; an die Stelle des Kaiser-Vaters trat der Führer-Sohn. Großvater wußte, daß Hitler, so oder so, nicht überleben würde, und er hatte seinen Untergang in seinen Lebensplan miteinbezogen. Rationell hieß das: Hitler muß die Massen mobilisieren, das brodelnde Unten des deutschen Reiches, um mit ihm den Karren aus dem Sumpf zu ziehen, einen deutschen Schrecken in die Welt zu bringen, um dann aber zu verschwinden, das Opfer vollziehend und dem alten Glück zu neuem Leben verhelfend. Das hat, wie wir wissen, nicht geklappt; der an seiner eigenen Macht sich berauschende Sohn opferte sich selbst erst, als alles andere, das alte Glück und die alte Ordnung sowieso, gestorben war, er opferte die Väter, die Kinder, die Frauen, seine Forderung nach dem Opfer war total: Das ganze deutsche Volk, der Leib und die Seele sollten es sein.

Aber auch die weiße Frau des Faschismus, der lichtgestaltete, blonde, in antikem, jungfräulichem weißen Leinen turnende, posierende, ihren Körper zeigende und entziehende Mythos von Mädchen und Mutter, wiederholte ihre deutschnationale, bürgerliche Mutter nicht nur, sondern rebellierte auch gegen sie. Sie war stark und wollte ihre Stärke spüren. Sie war als »Mayors Einzige« dabei, dem Ideal des soldatisch-bürgerlichen Vaters zugleich zu entsprechen, indem sie sich vor seinen Augen als ewiges, kräftiges Mädchen inszenierte, und in dieser Inszenierung steckte auch Abwehr und Bestätigung des Begehrens, verabredete Transgressionen; das »Mädel« war das Bild einer Weiblichkeit, die von sich selber nur wenig zu wissen schien, die schon daher so unschuldig sein mußte, weil sie zusammen mit dem Vater den Traum träumte, »eigentlich« und »lieber« ein Mann geworden zu sein. Andererseits war in dieser Inszenierung eben diesem Spiel auch zu entkommen, in eine vorchristliche, matriarchale Barbarei. So schien der Faschismus, wie »ideologisch« oder »oberflächlich« man sich ihm auch näherte, vor allem auch eine Möglichkeit, der christlichen Ordnung der Moral, der Sexualität, des Bildes und der Opfer zu entkommen. Die Frau des Faschismus mußte sich nicht so inferior empfinden wie die Frau des nationalistischen Christentums vordem, und genau das, worunter die christlich-bürgerliche Mutter gelitten hatte, nämlich daß sie Körper war, und daß dieser Körper nicht nur sündiges Objekt des männlichen Begehrens, sondern die erfüllte Erfahrung des eigenen In-der-Welt-seins, dieser Krieg gegen den weiblichen Körper, der zu erfahren sein sollte in der Vaterwelt des christlichen Bürgertums nur im Schmerz, in der Lust, zum Verstummen gebracht zu werden, diese Kraft des Körpers war das Kapital der jungen Frau im Faschismus, war ihr Adel. Und so steckt in der faschistischen Inszenierung des weiblichen Körpers zuerst und umfassend dies: daß er nicht durch den Schmerz, nicht durch das Verschwinden gekennzeichnet war. Die Reigen der weißgekleideten oder nackten Mädchen mit den Bällen, Stäben und Fahnen drückten, wie die Bilder der nackten Frauen auf den faschistischen Gemälden (die wir hilflos nur in ihrem Kitsch zu begreifen versuchen), eine neue Art der Unverwundbarkeit, der Unberührbarkeit aus. Sie sind neben dem Mann, vielleicht nicht ganz in seinem Rang – sein phallischer Vorteil, den man in der Familie kennenlernte, ist semiologisch nicht vollständig wettzumachen –, aber sie sind nicht unter ihm, nicht durch seinen Blick definiert, wie es die Mutter war.

Was für die Lust des Bürgers so lange selbstverständlich scheint, daß Nacktheit, wenn nicht an den Mythos, dann an die Intimität des Drinnen gebunden ist, ihrer habhaft zu werden ist dem fetischisierten Blick stets noch geldwerte Sünde, so ist sie in der faschistischen Inszenierung das genaue Gegenteil: öffentlich und draußen. Nach einer Unterbrechung in den dreißiger Jahren produziert die deutsche FKK-»Bewegung« bis 1944 eine nicht unbedeutende Sammlung von Aktbildbänden, die sich von der Produktion vor 1933 in einem wichtigen Punkt unterscheiden: es gibt keine Innenaufnahmen mehr.

Das große faschistische Projekt löste das alte Testament des christlich-nationalen Bürgertums auf, das die vollständige Wiederholung der Weltordnung im Staat und in der Familie vorsah, Gott, Kaiser, Vater als die blickende Instanz nach innen, wartend auf die Unterwerfungsgesten der Frauen und Kinder. Der faschistische Mann dagegen richtet seinen Blick woanders hin; statt seine Frau und seine Kinder anzusehen, verlangte er von ihnen, in die selbe Richtung zu sehen, hinaus und auf die Zukunft und zum Führer. Das Gefängnis der christlich-nationalen Bürgerfamilie schien zumindest in gewisser Weise geöffnet. Im Kaiserreich und im Ersten Weltkrieg hatte die Familie noch vollkommen den Krieg »mitgespielt«; wie beliebt waren damals die Postkarten von pausbäckigen Kindern im Matrosenanzug mit Säbel und Pickelhaube unterm Weihnachtsbaum, mit Spielzeugarmeen und Trompete, Holzpferd und Kanonenmodell, die die Franzosen nach Hause jagten und Armeen massakrierten. Zum faschistischen Mann herangewachsen verbot sich der deutsche Soldat diesen Diminuitiv; der Krieg und die Familie waren nun in einer neuen Dialektik vereint; die Mutter mußte nicht nur für den Sieg neue Söhne gebären, sondern für die Dauer des Krieges selber, der das Medium der halben Befreiung war, die Grenzen des Familien-Innen überschreiten. Der Krieg war das Medium, in dem sich der männliche und der weibliche Körper voneinander trennen ließen. Zu ihrer Hochzeit erhalten meine Eltern zwei nackte kleine Gipsmenschen, die faschistische Version von Adam und Eva, und, ehrlich gesagt, Objekte meiner kindlichen Neugier, meiner Suche nach der Evidenz der Liebe im elterlichen Schlafzimmer noch immer.

Es ist Krieg!

Es ist also endlich Krieg. Ein Krieg, der schon im Kinderzimmer begonnen hatte. Natürlich tut es gut, daß dieser Krieg zuerst einmal vor allem aus Siegen besteht, aus Blitzsiegen. Der ausatmenden Ausdehnung scheinen so schnell keine Grenzen gesetzt. Außerdem, das ist beinahe ebenso wichtig, beginnt, was sich in den Trainingslagern abgezeichnet hat, eine gleichzeitige Bewe-

24

gung von Auflösung der Familie und sentimentaler Rekonstruktion, zum Beispiel im »Wunschkonzert«. Andere Formen der Solidarität, der erotischen Beziehungen, des Zusammenlebens werden erprobt. Man wird sich lange und gerührt an sie erinnern, nachdem nach Kriegsende die Familien wieder hergestellt sind: wie zerbrochenes und mit schlechtem Kitt geklebte Glasgefäße.

Zu dem Entsetzlichen, was die Kinder der faschistischen Familien in der Nachkriegszeit erleben mußten, gehörte neben der seltsamen Verschwiegenheit (nicht einmal der Vollrausch führte in der Verwandtschaft zu einem Bekenntnis, nicht einmal dazu, die einmal ausgeblendeten Perioden des eigenen Lebens auch nur indirekt zu berühren), die anhaltende, immer ein wenig obszöne Begeisterung über die Zeit des Faschismus und des Krieges, die weder durch die eigenen Verbrechen noch durch die eigenen Leiden abgeschlossen war. Zwei rationalisierende Erklärungen boten sich stets und schnell an: In der Erinnerung verklärt sich auch das Schreckliche, das geile Lügenmärchen ist nichts als eine psychisch erklärbare Verarbeitungshilfe, und außerdem war es ja die Zeit, die generell gefälligst als glückliche in der bürgerlichen Vita zu gelten hat, Jugend und junges Ehe- und Elternglück. Aber es war in der Regel und bei den meisten aus dieser Generation mir bekannten Menschen wirklich die »glückliche Zeit«. Das »alte Glück« war vollkommen System und Herrschaft geworden, alle Widersprüche einer öffentlichen, äußeren Bearbeitung unterzogen, und selbst noch die Angst aufgehoben in einer allgemeinen, ordnenden Struktur. Der andere, der Nachbar, der Nächste war zu erfahren in einer Nähe, die keine Intimität verlangte.

Bis hierher und immer so weiter

Es ist nicht die Aufgabe dieses Buches, Faschismus-Theorien zu entwickeln. Daß es doch, sozusagen in jeder

Zeile, in jedem Suchvorgang dazu kommen muß, liegt auf der Hand: Jedes Bild, jede Beschreibung hat »ganze« Vorstellungen von dem, was der Faschismus oder was Faschismus ist, als Hintergrund oder als Triebkraft. Was man davon wirklich weiß und was nicht, ist eine andere Sache. Kaum hat man ein Detail in die Hand bekommen und versucht es zu prüfen, entschwindet schon wieder das Ganze; nicht mit der Banalität und nicht mit der Erfolgsgeschichte des Bösen ist so ohne weiteres zu leben.

Leben nach Auschwitz heißt leben mit der Entschuldungs- und Distanzierungsmythologie einerseits, mit Faschismus-Theorien andererseits. Faschismus-Theorien entwickelt jedes Kind, welches merkt, daß es in einer Geschichte steht, und auf seine Frage: Wo komme ich her? Faschismus-Theorien müssen den philosophischen Grund-Diskurs begleiten: Was kann ich wissen? Was soll ich tun? Was darf ich hoffen?

So gerät also meine Suche nach dem Faschismus in der populären Kultur, die nun in eine zweite Phase gelangt, zur Suche nicht nach dem Bild der Verdrängung, der Entschuldung und der Distanzierung, sondern zur Suche nach der Erinnerung, der Darstellbarkeit und ihrer Grenzen, nicht die weise Abwesenheit von Faschismus-Theorien, sondern die wissenschaftlich frivole, unreine Anhäufung und Ineinanderverschachtelung, eine vielleicht obszöne Fülle an der Stelle von Klarheit. Der Vorwurf, ich hätte mich im ersten Band über Faschismus in der populären Kultur geweigert, »Faschismus« zu definieren, wird nun weiter dorthin führen, woraus man sich 50 Jahre lang vergeblich zu lösen versuchte: in die »Verstrickung«.

Natürlich enthält, obwohl als durchaus wilde mythologische Suche begonnen, auch der erneute autobiographische Einstieg gleich mehrere Faschismus-Theorien, aber sie funktionieren nicht im euklidischen System der »Erklärungen«: die Dinge erklären und kommentieren einander, aber sie bedingen einander keineswegs als Ursache und Wirkung. Es steckt darin der Zerfall von verschiedenen Klassen und Kulturen, in denen jeweils wenn auch mit Nöten und inneren Spannungen zu leben war, die bäuerliche und die städtische Welt, das Groß- und das Kleinbürgertum, die Kultur und die Barbarei, und dies unter einer Vielzahl von Bedingungen: Unter einer wirtschaftlichen Kaste, die nichts anderes mehr produzieren konnte als ihren barbarischen Willen, selber davon zu kommen, unter denen der ungelösten Spannungen der einzelnen Klassen (zum Beispiel eines Kleinbürgertums, das sich zur Selbstidentifikation so sehr an ein mythisches Funktionieren irrationaler Werte wie der Nation gebunden hatte, daß jede Krise der mythischen Konstruktionen zugleich eine kulturelle und eine psychische Krise auslösen mußte), unter den Spannungen, die sich parallel zum Zerfall der Klassen zwischen den Geschlechtern ergeben mußten. Mann und Frau konnten nicht länger sein, was sie in der bürgerlich geordneten Welt waren, aber was würden sie danach sein? Die Krise entstand aber auch zwischen dem Wissen und dem Mythos; es stand zu befürchten, daß der wissenschaftliche Fortschritt das soziale und kulturelle Sein selbst in Frage stellen mußte, eine Veränderung fordern, auf die man durch nichts vorbereitet war. Auch der agrarische Teil der Gesellschaft befand sich in den frühen dreißiger Jahren in einem vehementen Umbauprozeß, zu dem es weder Bilder noch Erklärungen gab, nur Bereicherung auf der einen und Leid auf der anderen Seite. Keine Klasse bleibt unschuldig.

Spät, aber umso leidenschaftlicher, ist unsere Sehnsucht nach Bildern vom Faschismus auf dem Lande erwacht. (Wir haben, nur so zum Beispiel, einen Filmregisseur, Joseph Vilsmaier heißt er, der einen enormen Erfolg erzielt, wenn er auf die immer gleiche Weise die Schollen dampfen, die Armut kargen, die Frau leiden läßt, und der sofort einen Flop landet, sobald er etwas anderes als diese bäuerlichen Ikonen zeigt: er inszeniert sozusagen die Opfer des Faschismus auf eine faschistische Weise und findet damit Beifall an sozialen Orten und in kulturellen Blickweisen, die näher zu beschreiben der nächsten Runde der Faschisierungs-Chronologie vorbehalten bleibt.) Ich erwähne diese Elemente vor allem, weil sie uns in der Bildproduktion über den Faschismus immer wieder begegnen werden. Auf all diese Prozesse war offensichtlich der Faschismus eine »Antwort«, und wenn er vor unseren Augen stets wieder in zahllose, untereinander nicht einmal vollständig kompatible Einzelteile zerfällt, so mag doch jedes dieser Einzelteile wieder als eine Antwort in der Antwort erscheinen. Der Terror, den das Regime dann entfaltete, erscheint in diesem Zusammenhang doppelgesichtig: als Mittel der Machterhaltung, aber auch als inhärentes Teil dieses Systems von Antworten auf den sozialen, kulturellen, mythischen und nicht zuletzt sexuellen Zerfall der bürgerlichen Welt. Nirgendwo will es uns gelingen, Angst und Lust dieses Terrors voneinander zu scheiden, soweit es das endlos weite Feld der Menschen anbelangt, die sich weder eindeutig als Opfer noch eindeutig als Täter identifizieren lassen. Die Antwort auf diesen Zerfall muß ja von beidem etwas enthalten, von dem Versuch, den Zerfall aufzuhalten, die bürgerliche Welt buchstäblich mit Gewalt vor dem weiteren Verfall zu retten und in eine eherne Form zu bringen, die vor allem Bestand, Disziplin und Form verlangte und daher bedingungslos »total« sein mußte (es gibt Systeme, die aus ganz anderen Gründen »total« werden müssen), und von dem Versuch, dem Zerfall eine eigene Dynamik zu geben, ihn zu erotisieren und schließlich zu maschinisieren.

Wenn aber der Faschismus ein System von Antworten auf eine vielgestaltige Ineinanderschachtelung von Zerfallsprozessen der bürgerlichen Weltordnung war, so heißt das ja nicht, daß er die einzige mögliche Antwort war. Der deutsche Mensch der faschistischen Herrschaft mußte auch gar kein »totaler« Faschist sein, es genügte, wenn er einige der im System eingelagerten Antworten für sich zu nutzen verstand und so immer beides mit dem totalen Faschisten verknüpfte: Die Angst vor ihm und die Verbrüderung.

Die reale faschistische Herrschaft besteht also aus:

1. der faschistischen Avantgarde, also einer totalen Ausformung des Anspruchs auf eine Neugestaltung der Welt nach den Prinzipien eines ideologischen und terroristischen Systems, das zunächst von einem ebenso einfachen wie ungeheuerlichen Vorgang geprägt ist, nämlich der vollständigen Ersetzung der bürgerlichen Moral mit ihrem komplexen Geflecht von Außen- und Innenlenkung, von Disziplin und Gewissen, durch eine einfache, barbarisch-technische Seelenarchitektur, oder, um es kurz zu sagen: die Ersetzung der Moral durch ein Verhaltensmuster, das zwar »böse«, aber auf eine vollständig kontrollierte Art böse und damit doch nicht böse Art funktioniert;

2. einer vom äußeren Faschismus sich geschützt wähnenden Welt der bürgerlichen Relikte und Lebensformen, die nur unter diesem Schutz weiter nach dem Zerfall der Welten und Mythen der bürgerlichen Lebensformen weiter existieren konnten und sich, um dieser Existenz willen, mit dem Faschismus verbanden und sich zugleich ein inneres Reich einer gewissen Unschuld zu bewahren vermochte. Zugleich aber war auch dieses bürgerliche Relikt für die furchtbarste Gewalt gegenüber den vom Faschismus als Feind identifizierten Menschen verantwortlich; der Faschist mochte den Juden als »Weltverschwörer« hassen (und ihn für all seine mythischen und seelischen Defizite verantwortlich machen), der Bürger hingegen gierte vor allem danach, seinen Besitz an sich zu bringen oder den Konkurrenten auszuschalten. So verkleideten sich der Bürger als Faschist und der Faschist als Bürger;

3. den zerfallenden Welten der nicht-bürgerlichen Klassen, dem Proletariat, dem Bauerntum, in gewisser weise der Aristokratie und der Intelligenz, die in ihren je eigenen Zerfallsprozessen einen letzten Halt in der unbegrenzten Aufnahmefähigkeit der von den Faschisten versprochenen Volksgemeinschaft sahen. Wie für das Bürgertum selbst ging es auch in diesen Kulturen darum, sich über den kulturgeschichtlichen Bruch hin-

weg Elemente der Selbstidentifikation zu erhalten und zugleich das endgültig Verlorene durch faschistische Ersatzstücke zu substituieren. Die verlorene Wärme der Bauernstube wird durch die faschistisch rekonstruierte Bauernstube der »neuen« Genremalerei und der nationalsozialistisch umgeschriebenen Lesebücher ersetzt.

Das ist natürlich nichts weiter als ein Modell, das nichts »erklärt«, das aber bestimmte Beziehungen sowohl in der Produktion von faschistischen Bildern als auch in der Produktion von Bildern des Faschismus beschreibt. Auch ein weiterer Widerspruch bleibt unaufgelöst: Der historische, insbesondere der deutsche Faschismus, war zugleich die Widerspiegelung des Bruchs in der Klassengesellschaft der bürgerlichen Ordnung, und er schuf ihr noch einmal den Rahmen für ihre Kontinuität und ihre Wahrnehmung. Der Pakt zwischen dem Faschisten und dem Bürger war zugleich strategisch und betrügerisch; manchmal, gewiß, in einer einzigen Person.

Und dieses wechselseitige »Einpflanzen« (nach einem Begriff von Baudrillard in anderem Zusammenhang, nämlich im »Einpflanzen der Perversionen« in die bürgerliche Produktion von Bildern, Empörungen und Sprechen über Sexualität) von Faschismus und bürgerlicher Individualität führt zu einer schrecklichen Weiterung des Blicks auf den eigentlichen Prozeß: die Faschisierung der Wahrnehmung und der Handlungsanleitungen war bei vielen deutschen Menschen, und so bei einer Reihe derer, die ich kenne, 1945 noch gar nicht abgeschlossen. Es ist möglich, daß es 1965 mehr echte Faschisten in Deutschland gab (ich vermute, in beiden Teilen des Landes) als 1945, und 1985 noch einmal mehr als 1965. Die Klasse der Gekränkten entwickelte nicht nur keine Unfähigkeit zu trauern, sie wiederholte die selben Riten der Projektion und wechselseitigen Erfindung von »Nation« und Individuum (von Geschlechtlichkeit in diesem Spiel). Wieder litt man unter der nationalen Schmach stellvertretend für die Defizite der eigenen Klasse (die wieder Aufstieg nur um den Preis der

Entsolidarisierung, der Entstrukturierung und der Entmoralisierung erlaubte), und wieder kursierten die vampirischen Legenden der äußeren Schuld.

Mein Vater zum Beispiel war in den Krieg möglicherweise als nicht ganz perfekter Faschist gezogen (der Perfektionismus endete offensichtlich bei der Sorge um die eigene Person); die »Todessehnsucht« des Faschismus ist ein eher allegorischer Umstand, auf den freilich seine faszinierten Kritiker nur allzugern hereinfallen; es ist wahr, daß der Faschist (und die Faschistin) nur den eigenen Tod als metaphysische Lösung aller seiner Probleme und Widersprüche sehen mag, aber von seiner Realisierung ist er so weit entfernt wie der Christ, der Heiden tötet und Ketzer foltert, vom eigenen Mythos; die anderen sollen sterben – und darin ist der Feind und der Kamerad wieder ganz nah im blutigen Brei –, nicht ich; das Paradox des Faschisten: Nur der im Kampf Sterbende ist der wahre Held, aber der wahre Held ist eigentlich kein wahrer Faschist, weshalb der Faschismus seine Helden auch in einer besonderen Art des »außer sich« hat, nicht Mann, nicht Frau, aber Mädchen, Junge, Mutter, Greis; und Horst Wessel ist kein Faschist; der faschistische Held ist der Tote, der wahre Faschist ist der wahre Bürger ist der wahre Deutsche: der Überlebende. (Das populäre Bild dafür: Nie allein sich selbst entzieht sich der Faschist in der Niederlage, sondern er bringt, nach allen möglichen, zuförderst die eigene Frau, die eigenen Kinder, die eigene Familie um. Der Kreis schließt sich da zwischen dem bürgerlichen Menschen und seinem faschistischen Double. Und umgekehrt wird die postfaschistische Familie unter einem bizarren Diktum stehen; die Schuld, in der Niederlage, der gewaltigen Wiederkehr der Kränkung, sich nicht ausgelöscht zu haben, vermag nur in der Wiederkehr, der Reorganisation der Überlebenden, getilgt werden.

Die dritte Kränkung

Eines der Modelle für die Faschisierung von Wahrnehmung und Gestus sieht am Beginn der Selbstschöpfung des deutschen Bürgers nach dem Verlust seiner Klasse die tiefe Kränkung, in der nationales und individuelles mehr oder weniger gewaltsam zur Deckung gebracht wurden. Dieser Gestus ist uns aus vielerlei biographischem Material geläufig, zum Beispiel dem von Dörte von Westernhagen bearbeiteten. Und doch ist dieses Modell alles andere als eine »Erklärung«, denn offensichtlich ist aus keiner noch so authentischen Biographie (zum Beispiel in Briefen und Tagebüchern) zu erkennen, ob sich die Kränkung den Faschismus schuf oder ob nicht umgekehrt die Kränkung eine Erfindung der Faschisierung ist. Mir geht es gut, wenn es Deutschland gut geht, hatte der Bürger, der vielleicht noch im »alten Glück« lebte, gesagt. Sein Sohn konnte sagen: Es geht mir schlecht, weil es Deutschland schlecht geht. Mir wird es besser gehen, wenn es Deutschland besser geht. Deutschland und ich sind eins, wie es die Väter, erfolgreich bis zur Schmach des verlorenen großen Krieges, vorgemacht hatten, und meine Feinde sind die Feinde Deutschlands und umgekehrt. Vielleicht war also die Kränkung, die im sozialen Abstieg, im Zerfall der Familie, im Verlust der »Werte« erlebt wurde, nicht so sehr Anstoß als Etappe in einer langen Geschichte der Nationalisierung der Biographie: die Nation wird zu einer monumentalen Abbildung des Geistes und das Volk zur monumentalen Abbildung des Körpers, und es darf und kann sich darin nichts anderes abbilden als Ich.

Aber all das, die Rhetorik der Kränkung, die Nationalisierung der Biographie, das zwanghafte Haß-Gerede, die Sehnsucht nach der Wiederkehr des »alten Glücks«, mußte zunächst ja keineswegs den deutschen Faschisten hervorbringen, wie er dann in der Welt wütete und mordete; vor ihm entstand vor allem ein nationalistischer, ignoranter, rassistischer und selbstmitleidiger Kleinbürger, der eine ganze Reihe erzreaktionärer Parteien zu beträchtlichen Erfolgen verhalf und der, hätte er nur ein wenig Geduld gezeigt, hätte er nur seine zähe Kraft der Beharrung genutzt, im Verein mit den Kräften der alten Ordnung eine zumindest kulturelle Diktatur seiner Klasse hätte errichten können. Zeichnete sich nicht, als Hitler zur Macht kam, schon für den, der es wissen wollte, ein Ende der Wirtschaftskrise, eine Restauration des Kleinbürgertums ab? Die Faschisierung der deutschen Gesellschaft, so scheint es phänomenologisch, mag zu diesem Zeitpunkt indes schon zu weit fortgeschritten gewesen sein, die Beschleunigung nicht mehr aufzuhalten. Allerdings mögen dabei die sozusagen objektiven, die »wirklichen« Gründe für den deutschen Faschismus durchaus zweifelhaft werden. Vielleicht ist die Arbeitslosigkeit nicht nur deswegen kein »Grund« für den Faschismus, weil es einem eher sonderbaren Verständnis der Welt und der Menschen entspricht, wenn man »verstehen« will, daß sich Arbeitslose in Massenmörder verwandeln, wenn ihrer zuviel werden, sondern auch, weil die Kausalität von Wirtschaftskrise und Faschismus keiner näheren Beobachtung standhält. Der Nationalsozialismus vermittelte nicht einmal die Illusion, die Wirtschaftskrise, die Krisenhaftigkeit der Wirtschaft zu überwinden; er inszenierte von Anbeginn an eine andere Welt, eine Welt, die nur noch aus der Rhetorik des Ordnungschaffens bestand.

Schwerer vielleicht noch als das Zusammenspiel der bürgerlichen Produktion von »autoritären Charakteren« und ökonomisch-politischem Interesse der Herrschaft zu beschreiben, ist es, den Punkt zu fassen, wo aus dem deutschnationalen, autoritären und kleinbürgerlich orientierten deutschen Menschen der Hitler-Faschist wurde. Der Prozeß dieser Umformung, so scheint es, war keineswegs identisch mit der Machtergreifung der Nationalsozialisten, er zeigt sich vielmehr als eine Art immerwährendes Spiel faschisierender und terroristischer Kräfte.

Als mein Vater in den Krieg zog, war er kein Nationalsozialist und schon gar kein Hitler-Anhänger. In der

Fahne der Faschisten, pflegte er zu sagen, sei ihm immer noch zu viel rot. Sozialismus war ihm auch in der nationalistischen Form verhaßt, und mehr noch die Öffnung des Völkischen hin zu einem sozialen Unten, zu einem Proletariat, zu dem er ganz und gar nicht gehören wollte. Er wollte Elite sein, endlich zu jenen »gutbürgerlichen« Kreisen gehören, die sich ihm gleich doppelt verweigert hatten, einmal, indem sie ihn an ihren Regeln scheitern ließen, und zum anderen, indem sie sich vor seinen Augen in völkischem Rausch auflösten.

Vielleicht war mein Vater zu dieser Zeit auch kein Antisemit. Er opponierte gewiß nicht gegen den herrschenden Antisemitismus, aber er ignorierte seine Obszönität. Nach wie vor träumte er den großen rechten Traum vom Elitebund der Männer, die unberührt bleiben konnten von den Frauen und Kindern, von den Körpern, Lüsten und Schmerzen. »Was schert mich Frau, was schert mich Kind, wenn mein Kaiser, mein Kaiser gefangen sind«, pflegte er später, immer und immer wieder zu skandieren, Frau und Kind ins Angesicht, um sie dafür zu bestrafen, daß es keinen Kaiser mehr gab, wegen dem er sich nicht mehr um uns zu scheren brauchte, die natürlich nur Verräter an seinen Idealen sein konnten.

Erst die Niederlage, erst ein erneutes Verfehlen des alten Glücks in der Restaurationszeit des Wirtschaftswunders, ein bescheidener ökonomischer Aufstieg, der immer noch, ja erst recht, zu keiner sozialen Verortung führte, machte diesen Mann zu einem, zumindest verbal, immer rasenderen Faschisten, der seine Familie als Bühne für seine kleinen Inszenierungen der Deutschheit, der Beschleunigung, der Pogrome, des alten Glücks mißbrauchte. Die »Niederlage« des Krieges hatte den Prozeß der Faschisierung, die Verwandlung eines gekränkten Reaktionärs in einen nun wenigstens virtuellen Massenmörder und einen geifernden Antisemiten nicht aufgehalten, sondern recht eigentlich beschleunigt. Es war nur keine faschistische Welt, und so blieb die »Verständigung« unter vielen, denen es nicht anders

34

ging als ihm, lieber informell. Das Leben war einerseits zu angenehm geworden, um seine neuen Segnungen, die Aneignung der einst völkischen Verkehrs- und Kommunikationsformen im Privatbereich, aufs Spiel zu setzen. Andererseits aber konnte alle Selbststeuerung nicht verhindern, daß die eigentlichen faschistischen Impulse immer wieder aufbrachen. In den deutschen Kulturen dieser Zeit empörte sich niemand über antisemitische Parolen, über die Schwärmereien von Soldatentum und SS-Kameradschaft, über die Träume von der Wiederkehr der völkisch-deutschen Herrschaft. Zwischen der politischen Öffentlichkeit und der Intimsphäre der Familie ergab sich eine dritte Form des Kommunizierens, jenes bizarre Beieinandersein, das wir mit Nierentischen, Weinbrand und Salzstangen verbinden, und das doch so häufig, wenn es »gemütlich« wurde, einer allgemeinen Rekonstruktion des Deutsch-Seins diente, in der sich beinahe alle Rituale und Ikonen der faschistischen Öffentlichkeit, der faschistischen Ästhetik und Kommunikation, in kleinen, verkleideten Gesten und in einer Flut von mythischen Sentenzen, Scherzen und Posen wiederholte. Man lachte gern über Adolf, zum Beispiel wenn einer sich einen schwarzen Kamm über den Mund hielt, aber auch in diesem Lachen war der Führer präsent; und man zürnte der Welt wie eh und je, dem Kulturbolschewismus und dem Judentum, die nicht einmal immer und überall neue Namen bekamen.

Im Jahr 1965 gab es vermutlich mehr deutsche Faschisten als im Jahr 1935. Aber die meisten von ihnen waren zugleich gute Demokraten und Mitglieder in Kleingärtnervereinen und bewußte Verbraucher und Besucher des Teutonengrills an der Adria und Fernsehzuschauer und *Bild*-Zeitungsleser und Gartenfestfeierer.

Manche von ihnen waren auch Sozialdemokraten und Kirchentagsbesucher und *Spiegel*-Abonnenten. Aber sie alle benötigten eine deutsche Kultur, einen deutschen Alltag, der die faschistische Seele, die Struktur der Wahrnehmung von Beschleunigung, Kränkung und vergangenem Glück mit dem Leben in der freien Marktwirtschaft versöhnte. Es entstand ein Traumdeutschland, in dem zugleich Persil weißer denn je wusch und die Stukas über Rußland heulten, in dem man Heimatlieder sang und Weihnachtsbäume schmückte und tief gekränkt war, wenn an der Gemütlichkeit gerüttelt wurde. Dann wurde die Familie selbst zum Teil der Kränkung. Nicht ausatmen, nicht sich ausdehnen wollte man nun, sondern sich zusammenziehen und abschließen. Das Fremde sollte nun nicht mehr unterworfen werden. Im Gegenteil, es sollte fortbleiben. Aber der Wohlstand überschlug sich, und man holte Gastarbeiter ins Land, und die Hierarchie zwischen dem Deutschen und dem Ausländer hatte hier seine neue alte Ordnung. Und alles begann, natürlich ganz anders, wieder von vorn. Neue Generationen erfuhren, in den undurchdringlichen Geflechten der postfaschistischen Kultur, neue Kränkungen, neue Beschleunigung und die verfehlte Suche nach dem alten Glück. Wieder entstehen die schwarzen Löcher in den deutschen Seelen, die mit Kitsch und Nichts, mit Haß und Sentimentalität gefüllt werden. Die Gespenster kehren zurück, warnen die Gutmeinenden. Wie auch nicht – in ein Gespensterhaus?

Beschleunigung und Regression
Das Amalgam des faschistischen Bildes

Im »Tempel der Deutschen Kunst«

Immer wieder haben aufklärend gemeinte Ausstellungen, Dokumentationen und Bücher die brutale, dumme Gewalt der Nazis gegen die von ihnen nicht verstandene (oder manchmal vielleicht doch verstandene) Kunst mit der dem deutschen Faschismus eigenen unheilvollen Produktion von Kitsch und Propaganda konfrontiert. Das Umfeld, die Fakten und Zahlen, machen dabei stets deutlich, wer die Guten und wer die Bösen sind, und von den ewig Gestrigen abgesehen, die in die Gästebücher solcher Ausstellungen ihr Vergnügen daran artikulieren, endlich wieder einmal »richtige deutsche Kunst« gesehen zu haben, steht das in der Regel immerhin rudimentär im Kunstunterricht der Schulen vermittelte Wissen um Fortgang und Tiefe dieser verfolgten »entarteten Kunst« der »Anfälligkeit« des Publikums für faschistische »Kunst« entgegen. Trotzdem bleiben auch diese Orte, in denen der Faschismus in seinen ästhetischen Produktionen zum »Sprechen« gebracht werden soll, nicht allein Installationen der rationalen und ästhetischen Distanzierung, sondern sind stets von geheimnisvollen Diskursen der »Faszination«, des »Tabus« und der »Wiederkehr« durchweht.

Die Distanzierung erscheint zunächst vergleichsweise einfach, wenn man die faschistische Produktion von Bildern unter der Perspektive der nationalsozialistischen Kunstpolitik betrachtet. Das umfassende Bild für diese nationalsozialistische Kunstpolitik steckt für uns in der Eröffnung der »Ersten Großen Deutschen Kunstausstellung« im neuen Bau des »Haus der Deutschen

Kunst« durch Adolf Hitler am 18. Juli 1937, ihrer pathetischen Präsentation von Kitsch, Propaganda und schierer Stümperei, und der Eröffnung der Ausstellung »Entartete Kunst« am nächsten Tag im alten Galeriegebäude der Hofgartenarkaden in München, nur ein paar hundert Schritte entfernt. »Ein gewisser Prof. Ziegler, Maler süßlichster Frauenakte«, so John Heartfield aus dem Exil, »wurde von Hitler zum Unterdiktator dieser Ausstellung ernannt. Er schleppte aus den Galerien zusammen, was er nicht verstand, und warf alles in einen Topf: Expressionismus, Futurismus und Dadaismus, pinselte ›Kultur-Bolschewismus‹ darauf und bildete sich ein, derart die moderne Kunst an den Pranger zu stellen.« Wie recht Heartfield doch hatte und wie sehr er noch das Ausmaß dieser faschistischen »Säuberung« der Kunst unterschätzen mußte. Noch immer schließlich ist zu sehen, wie die Nationalsozialisten in München das Stadtbild einer barbarisch technologischen Umwandlung unterzogen, in der ganz buchstäblich »Kunst« als das Verbindende von Militär und Partei, Volk und Führer und die Legitimation des Monumentalismus der »leeren Plätze« funktionierte, die nur im »Aufmarsch« ihren Sinn bekommen. Die faschistische Inszenierung des leeren Platzes übernimmt dabei hier besonders deutlich die des »Ereignisraums« der Französischen Revolution; die Stein gewordene Flucht vor der Intimität, die im Raum wiederholt, was das faschistische Bild phantasiert: die Vermeidung von Intimität und Blick noch bei der Darstellung der Bauernstube und des Frauenakts.

Eine umfassende »Säuberung« der Stadt (ganz buchstäblich durch den Abriß unliebsamer Gebäude, durch das Abfräsen von Jugendstil-Reliefs etwa, durch die umfassende Zensurierung der Museen) im Dienste der »gesunden Moderne« des Faschismus vollzog sich um den von Paul Ludwig Troost gestalteten Bau des »Hauses der Deutschen Kunst«, das zum Schlüssel für das neue monumentale Bauen des deutschen Faschismus werden sollte, der »Tempel der Kunst«, in der das sich »geheiligt« sehen sollte, was die Nationalsozialisten, was

Hilter selbst als Kunst verstand, während all das als
entartet und unrein erscheinen mußte, was in diesem
Tempel keine Aufnahme fand.

Wenn man die Biographien der Architekten, Künstler,
Kulturbürokraten des Faschismus näher besieht, so
finden sich in ihnen allen beinahe deckungsgleich die
Erzählungen von der Kränkung, von einer Überforde-
rung durch die Moderne, die man nicht nur in ihrer
Konkurrenz, sondern vor allem in ihren »formzersetzen-
den Persönlichkeiten« haßte, wie es in einer Erklärung
des Deutschen Künstlerbundes 1933 (von Klee, Nolde,
Mies van der Rohe und anderen) heißt. So waren, gewiß,
all diese »Gekränkten« begierig darauf, eine eigene
Kunstwelt zu schaffen, in der andere »Regeln« galten
(nicht umsonst kommt in der kriminellen Rhetorik des
Ausstellungskataloges zur »Entarteten Kunst« konstant
ein furchtbarer Neid auf die Anerkennung und die auch
finanziellen Erfolge der hier der Verachtung freigegebe-
nen Werke zum Ausdruck), und diese neue völkische
Kunstwelt mußte zuförderst gegen außen abgeschottet
werden. Natürlich läßt sich so dieses »Haus der Deutschen Kunst« zunächst »lesen«, als Herrschaftsarchitek-
tur, in erster Linie dazu gedacht, zu beeindrucken und
einzuschüchtern, und es läßt sich lesen als einer der
vielen Versuche, das »Antike« und das »Germanische«
zusammenzuzwingen. Aber so auf eine brutale Art
prächtig das Bauwerk auf den ersten Blick wirkt, so
scheint es auf den zweiten eher aus panische Angst
errichtet. Es sucht, in seiner Betonung des Horizontalen,
seiner Einpassung in das veränderte Straßenbild, seiner
Hervorhebung der riesigen Quader durch die betonten
Fugen vor allem Sicherheit; keine Proportion, bis hin zu
den so offensichtlich viel zu kleinen Fenstern (als wollte
man in diesem Tempel keinen falschen Glanz des Draußen lassen, sich bei der Betrachtung seiner Heiligtümer
nicht stören lassen). Aber selbst Sicherheit und Abschot-
tung funktionieren in diesem Bau nicht wirklich: »Einzig die elf Meter hohen Säulen vor beiden Langseiten
(jeweils zwanzig zwischen den quadratischen Eckpfei-

lern) markieren wahrnehmbar die Senkrechte. Doch kommen sie im Sinne eines belebenden Kontrasts nicht zur Geltung. Im Gegenteil! Vor den Mauern des kompakten Baukörpers, unter dem hohen und daher besonders schwer wirkenden Architrav und über einem straßenseitig viel zu niedrigen Sockel stehen sie streichholzhaft dünn und kraftlos. Dergestalt degeneriert, erscheinen sie als Kulisse oder Attrappe, ohne wirkliche Beziehung zum größeren Ganzen des Gebäudes. Nicht zuletzt sind es die seitlich weit über die Säulenreihen hinaus sich dehnenden Wände, die mit ihrer abweisenden Geschlossenheit jede Integration der Kolonnaden ausschließen. Wir haben ein Element bloßer Rhetorik vor uns!« (Karl Arndt).

Der Bau selbst ist so etwas wie eine brutalisierte Imitation von Karl Friedrich Schinkels Altem Museum in Berlin aus den zwanziger Jahren des vorigen Jahrhunderts. Wir neigen in gewisser Weise dazu, auf das Martialische der faschistischen Kunst hereinzufallen und das Kulissenhafte, die rhetorische Attrappenwelt dieser Bildnerei dabei zu übersehen, und auch hier in diesem Schlüsselwerk des faschistischen Bauens zeigt sich deutlich, wie die widersprüchlichen Impulse zueinander in einer Attrappenwelt kommen: die Sehnsucht nach dem »alten Glück«, das sich in den klassizistischen Vorbildern zumindest architektonisch zu erfüllen scheint (ein Glück, dem man freilich nicht die flanierenden Bürger auf den Plätzen, sondern nur die marschierenden Soldaten zugesellen mag), die Vollendung der Gewaltphantasie von der architektonischen Bannung des »leeren Platzes« und schließlich die Stein gewordene Strafangst (schon ist dieser Tempel auf eine bizarre, organische Weise unterkellert, als wäre hier schon das Todesreich des Führerbunkers vorweggenommen). Zugleich und bei alledem will man doch aber auch »Modernität« ausdrücken, dies faschistische Paradox der »gesunden Modernität« immerhin, die sich als Reduktion der Formen mißversteht. Zwei Sentenzen Hitlers und ein »Hoheitsadler« bildeten die rhetorische Außenfront, und auch hierin noch einmal »spricht« dieses Bauwerk vom verfehlten Erbe, von der Kränkung und dem Haß, den es auslöst, und von der Angst. Der Widerspruch zwischen der Selbst-Empfindung als »Bewegung«, und in Konsequenz dazu als Erfahrung der Beschleunigung, und der Sehnsucht nach dem »alten Glück« des geschlossenen Bürgertums in der ständischen Gesellschaft, löst sich in der ästhetischen Rhetorik der faschistischen Bildproduktion auf. Der Bau des »Hauses der Deutschen Kunst« ist dafür ebenso Beispiel wie die Reichsparteitagsfilme von Leni Riefenstahl, deren filmischer Reiz vor allem in der Gleichzeitigkeit von Bewegung und Stillstand, Beschleunigung und Ewigkeit liegt.

»Bis zum Machtantritt des Nationalsozialismus«, so Hitler in seiner programmatischen Rede zur Eröffnung des »Tempels« der deutschen Kunst, »hat es in Deutschland eine sogenannte ›moderne‹ Kunst gegeben, das heißt also, wie es schon im Wesen dieses Wortes liegt, fast jedes Jahr eine andere. Das nationalsozialistische Deutschland aber will wieder eine deutsche Kunst, und diese soll und wird wie alle schöpferischen Werte eines Volkes eine ewige sein. Entbehrt sie aber eines solchen Ewigkeitswertes für unser Volk, dann ist sie auch heute ohne höheren Wert.«

Was hier als das Ewige pathetisiert wird, ist zunächst nichts anderes als das erneut in einem faschistischen Paradox befangene Ideal einer historisierenden Zeitlosigkeit; in der faschistischen Ästhetik – so wie sie die Ausstellungen im Haus der Deutschen Kunst präsentiert – vermischen sich die Stil-Zitate zu einer gleichsam mehrfach codierten Beziehung zu Epochen und Gesten des Deutsch-Seins, verbunden stets mit der Rhetorik dieses »Ewigkeitswertes für unser Volk«, die man sozusagen auch als die propagandistisch aufgeladene, negative Beschleunigung bezeichnen könnte. »Eine Kunst«, so Hitler weiter, »die nicht auf die freudigste und innigste Zustimmung der gesunden breiten Masse des Volkes rechnen kann, sondern sich nur auf kleine, teils interessierte, teils blasierte Cliquen stützt, ist unerträglich.

Sie versucht das gesunde, instinktsichere Gefühl eines Volkes zu verwirren, statt es freudig zu unterstützen«. Dieses Postulat für die faschistische Bildproduktion ist in sich durchaus zweischneidig; daß sich die bürgerliche Kunst von der volkstümlichen und diese wiederum von der Massenkultur absetzt, gehörte zu den letzten kulturellen Gewißheiten der Klasse. Nun war sozusagen offiziell die Möglichkeit, zwischen Kitsch und Kunst zu unterscheiden, eine wennzwar eher anstrengende Art, Identität über die Klasse zu erhalten, verboten; technisch reproduzierte Massenkultur, volkstümliche Mythologie und bürgerliche Kunstphantasien (einschließlich der Vorstellung von »Können« und »Genie«) durchdrangen einander und bildeten eine bizarre Melange. Wie die politische Mythologie des Nationalsozialismus versprach also auch diese faschistische »Kunst« den »niederen Ständen«, dem Proletariat, dem Bauerntum, und dem »niederen Status«, der Jugend etwa, den Zugang zu einem kulturellen Bereich, den vordem das Bürgertum okkupiert hatte. Daß diese »Kunst« einen »Tempel« braucht, ist nun noch einmal verständlich; sie muß die Heiligkeit, die sie für die Klasse besaß, verlieren, um die Heiligkeit für die Nation zu rekonstruieren.

Diese Bildproduktion entsprach insofern der Konstruktion der faschistischen Gesellschaft, als sie sich in eine ständisch-manufakturierte zurückbildete, und dabei nicht nur im einzelnen »Werk«, sondern in der ganzen Institution pathetisierte und brutalisierte Imitation des alten Glücks war. Und konsequent diente auch hier der geifernde Antisemitismus als Deckung für den beschleunigten Umbau: »Das Judentum verstand es, besonders unter Ausnützung seiner Stellung in der Presse, mit Hilfe der sogenannten Kunstkritik nicht nur die natürlichen Auffassungen über das Wesen und die Aufgaben der Kunst sowie deren Zweck allmählich zu verwirren, sondern überhaupt das allgemeine gesunde Empfinden auf diesem Gebiete zu zerstören«, so Hitler.

Die Aufhebung der Grenzen zwischen Kunst, Volkstümlichkeit und Massenkultur im deutschen Faschismus entsprach möglicherweise so etwas wie einer nationalisierten, gesteuerten und heftigen Entwicklung einer populären Kultur für die rasch sich entwickelnden neuen Kommunikationsmittel und ihre Konsumtion, und was in der bürgerlich-demokratischen Gesellschaft sich als »Unterhaltung« und Massenkultur auf einem Markt neben den traditionelleren Vermittlungsformen von Sinn und Form etablierte, das wurde vom deutschen Faschismus gleichsam zur ästhetisch-moralischen Doktrin erhoben.

Deshalb brauchte der Faschismus auch keine »Kunsttheorie«, mit der sich etwa auseinanderzusetzen wäre; es genügten auf der einen Seite klare Abgrenzungen: die deutsche Kunst war zu säubern, personell und von allem Jüdischen, Bolschewistischen, Undeutschen, stilistisch von allem Modernen, Unverständlichen, Elitären, von allem, was individuelle Frage und nicht deutsche Antwort scheinen mochte. Was übrig blieb, mußte die Kriterien von bürgerlicher Kunst, Volkstümlichkeit und Massen-Appeal zugleich erfüllen. Daraus konnte gar nichts anderes entstehen als blickloser Naturalismus, monumentalisierter Kitsch und verdrückte Geilheit.

Zu den ersten Projekten der postfaschistischen Restauration nach dem Krieg gehörte die Wiedererrichtung der Grenzen zwischen Kunst, Volkstümlichkeit und Massenkultur, und aus dieser neuen (alten) ästhetischen Ordnung war die faschistische Bildproduktion (ebenso wie die Literatur, die Musik, die Architektur) nur zu leicht, bzw. ganz und gar nicht zu beschreiben. Man konnte diese ästhetische Produktion möglicherweise vom Standpunkt der Kunst, vom Standpunkt der Propaganda, vom Standpunkt der Unterhaltung, ja, vielleicht sogar vom Standpunkt wiederentdeckter »authentischer« Volkstümlichkeit betrachten und jeweils offene Distanzierungsgesten (und klammheimliche Anverwandlungen) konstruieren, aber in alledem mußte diese Ästhetik auch notwendig verfehlt werden. Betrachtet man das faschistische Bild als Kunst, dann sieht es als Unterhaltung zurück, und fragt man nach seiner Volkstümlichkeit – und lacht grimmig über den Bilderbuch-Bauern in der Wirtsstube, der so andächtig den *Völkischen Beobachter* liest, wie seine Vorläufer das Kruzifix betrachtet haben –, so antwortet es als pure Propaganda.

Obwohl alles im faschistischen Bild vertraut ist, alles nur Imitation und barbarisierte Nachschöpfung, ist es zugleich durch die Verbindung von Kunst, Volkstümlichkeit, Massenkultur und Propaganda zu einem völlig anderen geworden. Das Erhabene – oder das, was zu dieser Zeit dafür zu halten war – und das Pornographische, die Idylle und die pure Gewalt, das Ikonographische und das Fragmentarische formen in dieser Bildnerei keinen Widerspruch.

Die Faszination dieser Ästhetik, insbesondere dort, wo sie sich noch nicht als Komplize des Völkermordens zu erkennen gibt, entwickelt sich in der post-faschistischen Gesellschaft auf zwei Ebenen, auf einer nostalgischen und einer »progressiven«. Der nostalgische Blick auf die faschistische Ästhetik (deren quantitative Produktivität unermeßlich scheint) rekonstruiert doppelt das »alte Glück«; von ihm künden die Eintragungen in den Gästebüchern zu noch so didaktisch gut gemeinten Ausstellungen faschistischer Ästhetik: beglückt, »endlich einmal wieder« »echte Kunst« zu sehen (und gleich daneben der Haß auf die »Formlosigkeit« der »Moderne«, den wir mittlerweile kennen). Die »progressive« Faszination entwickelt sich gerade dort, wo die hierarchische Ordnung der Bilder selber überschritten wird, an den Transgressionsstellen zwischen Kunst und Massenkultur wie in der Pop Art, und schließlich muß es ein gesteigertes, neues Interesse der Begegnung zwischen faschistischer und »postmoderner« Ästhetik geben (die möglicherweise das, was die faschistische Bildproduktion sozusagen gezwungen, unbewußt und unter dem Mythos der Einheit unternahm, reflektiert und unter der Vorgabe der Polyphonie versucht – und in der Regel unter Ausgrenzung des Propagandistischen). Unter einem bestimmten Blickwinkel werden gerade die »Fehler« der faschistischen Ästhetik, die extreme Künstlichkeit (zum Beispiel in den Film-Melodramen), die »kalte« Erotik der Körper, die pathetische Über-Inszenierung, die Atmosphärelosigkeit und die »unmusikalische« Behandlung aller Materie und vieles mehr zum eigentlichen Faszinosum, und eben jene Kläglichkeit der Versuche, die großen Vorbilder nachzuahmen (und sei's noch die Hofmalerei bei den zahllosen Hitler-Portraits), wird zu einem nachgerade surrealen Kommentar zum Verhältnis von Inszenierung und Blick.

Das Alles-in-allem von Kunst, Volkstümlichkeit, Massenkultur, Pornographie und Propaganda erklärt, daß aus der ästhetischen Produktion der Zeit des Nationalsozialismus das Böse vom Unschuldigen nicht zu trennen ist (es sei denn, man nähme das Dumme für das Unschuldige), umgekehrt aber auch die Fortdauer dieser Ästhetik und ihre Schnittpunkte schwer zu bestimmen sind. Aber ist das »Gute« und das »Böse«, anders als in Formeln wie »erneuernde Auseinandersetzung« (die gute Kunst) einerseits und »nachahmende Bedienung herrschender Klischees« (die schlechte Unterhaltung) andererseits, überhaupt aus den Bildern und Installationen selber zu erkennen? Wäre andererseits ohne das historische Wissen, aus einem Sample von gleichzeitig entstandenen Bildern etwa nicht nur der Anteil von schlechter Kunst und guter Kunst, sondern auch der Anteil faschistischer Bildnerei zu erkennen? Wieviel Faschismus enthält ein »Flash Gordon«-Comic, ist die eine Frage, wieviel Comic ist eine Holzschnittserie wie die »Deutsche Passion« von Richard Schwarzkopf die andere.

Warum konnte nie, so sehr es auch immer wieder versucht wurde, ein Ausstellungs- und Dokumentationsprinzip zur faschistischen Bilderproduktion aufgehen, wenigstens um ein weniges mehr er- als verklären? Eine Ausstellung mit dem Thema der deutschen Romantik (»The Romantic Spirit in German Art 1790-1990«) stellt einen raunend verdächtigen Zusammenhang mit Traditionen der bürgerlichen Kunst her. Aber vielleicht fällt man ja auch wirklich allzu leicht auf die hymnischen Bekenntnisse faschistischer Künstler und Kunstbürokraten herein, die in der deutschen Romantik ein Ideal des »alten Glücks« sehen wollten, wie Franz Hofmann, der Kunstkritiker des *Völkischen Beobachters*: »Die Kunst hat damals die innere Volksgemeinschaft und die Liebe zur deutschen Erde neu gefestigt und so zur geistigen Wiedergeburt unseres Volkes beigetragen.« Eine der letzten großen Ausstellungen zum Thema, »Europe under the dictators 1930-45«, in London unter dem Titel »Art and Power« zusammengestellt, zieht sich dagegen radikaler noch als vordem üblich, auf die Autorenschaft der Diktatoren, Lenin, Stalin, Hitler, Mussolini, Franco, auf die Funktionalisierung in der Herrschaftskonstruktion zurück; weder die Verwandtschaft der faschistischen und der bürgerlichen Kultur, noch die Möglichkeiten einer diktatorisch verfaßten Gesellschaft gegenüber dem Wirken des individuellen Diktators wird da ins Auge gefaßt, von der Beziehung zur populären Kultur ganz zu schweigen. Beide Ansätze verkennen, wie sehr das faschistische Bild zugleich Rhetorik und Transgression ist, zugleich Absichtserklärung und Wunscherfüllung. Daher konnte (beinahe) alles, was in der Zeit des Nationalsozialismus als Kunst betrachtet wurde, in der Wiederaufbauzeit als Unterhaltung und Nippes im verkleinerten Format wieder auftauchen. Nur das Führer-Bild mußte fehlen.

Vielleicht nähert man sich der faschistischen Ästhetik und ihrer unheilvollen Kontinuität am besten, wenn man die Begriffe der »guten« und der »schlechten« Kunst einmal beiseite läßt (was, zugegebenermaßen, ein wenig schwer fällt bei Beispielen, die in der Regel nicht einmal grundlegende handwerkliche Fähigkeiten aufweisen), um zumindest einige der Konstanten zusammenzustellen:

1. Der Sieg der Bedeutung über die Gegenwärtigkeit. Wie in der faschistischen Selbstidentifikation ist auch in der Kunst vollständig die Bedeutung an die Stelle der Erfahrung getreten. Der Körper ist nur noch ein System,

das mechanisch im Dienst symbolischer Gesten steht. Zugleich aber erlebt er seine direkte Apotheose; während der Held der *popular culture* ein Mann ist, der die heroische Pose einnimmt, zeigt das faschistische Bild eine heroische Pose, die »vergessen« hat, daß ein Mann sie eingenommen hat, und während die Frau in der *popular culture* eine Geschiche ihrer erotischen Semiologie erzählt, ist die nackte Frau des faschistischen Bildes versteinertes Bild und Abwehr des Begehrens: die Sehnsucht nach dem kalten Geschlecht (der »Gletscherspalte« aus dem Flüsterwitz), dem ent-intimisierten Verlangen, nach dem Kategorischen, das sich an die Stelle des Mehrdeutigen setzt (wie anderswo Befehl und Gehorchen den Dialog ersetzen soll).

2. Die Abwendung der Blicke. Niemals sehen sich die Menschen auf faschistischen Bildern (von den lernenden Kindern gelegentlich abgesehen, und natürlich vom Führer, der als einziger »sehen« mag, wo die anderen »glauben«), aber ihr Blick geht auch nicht auf ein Konkretes im Bild, sondern in weite, aus dem Bildrahmen führende Ferne – deutlich, im übrigen, stets gesenkter der Blick der Frauen als der der Männer, und ebenso deutlich, gebundener der Blick der Frauen an Boden und Vergangenheit und der der Männer gläubig in die Zukunft. Aber dieser Blick geht auch nie, es sei denn ein Führer oder ein deutsches Symbol sei im Bild, nach oben (die Gläubigkeit des faschistischen Menschen ist horizontalisiert).

Wo, um Himmels willen, sehen zum Beispiel die drei Frauen in Ivo Saligers »Ruhende Diana« (1940) eigentlich hin? Sie scheinen zwar zueinander komponiert, aber sie haben keine Beziehung zueinander. Ihre Blicklosigkeit hat keine Geschichte, weshalb sie auch mit diesem selbstgefälligen, ein wenig blöden Gesicht zu eben jenem Ort zu sehen scheinen, an dem es nun ganz gewiß nichts zu erblicken gibt. Ihre Blicklosigkeit entwirklicht sie nicht nur, sondern sie gibt auch unserem Blick seine entwirklichte Freiheit; wir können sie noch so anstarren, diese Menschen werden nie zurückblicken. So unterstützen sie ihrerseits das faschistische-militärische Ideal: alles sehen (alles nackt sehen), selber nicht gesehen werden (getarnt sein, umpanzert sein, uniformiert sein, unter den Fahnen und Zeichen und Waffen unsichtbar werden), sie nehmen aber auch das andere Ideal der barbarischen Körperlichkeit vorweg, die den Menschen nur als sein Denkmal übrigläßt: in Stein gehauen, »ewig« und ohne Empfinden für das, was den Körper mit der Welt verbindet, die Lust und den Schmerz, die Zärtlichkeit und die Neugier.

Was also ist diese nackte Frau, die das faschistische Bild so manisch herbeizitiert (und von dem man nicht zu sagen weiß, ob sie das Obszöne hinter der Pose der Erhabenheit zu verbergen sucht oder umgekehrt)? Daß ihr das Erotische fehle, ist oft genug und in der Regel ohne andere Begründung als durch den Hinweis auf ihre Leere und ihre Klischeehaftigkeit behauptet worden. Aber müßte dann nicht jeder Frau, die für BHs, Duschgel oder schlanke Zigaretten wirbt in einer immergleichen Bewegungsmelodie und Ikonographie das Erotische fehlen? Nein, die faschistische Malerei hat Gründe für ihre manische Bearbeitung des nackten Körpers, der über die Ideologie hinausgehen muß, die nicht bloß die heroischen und romantisch-irrationalen Traditionen zusammenzwingen, das Monumentale und das Genrehafte, Beschaulichkeit und Gigantomanie. Es ist die Konstruktion einer faschistischen Art des Eros. Denn diese umfängliche Bilderproduktion ist keineswegs eine asexuelle, wie man so gern behauptet (vermutlich nicht zuletzt, um sich selbst zu schützen), sondern im Gegenteil eine beständige Beschreibung der sexuellen Wünsche (und darin verhalten sich die Schlachtengemälde und heroischen Infernos zu den Aktmalereien und Aktskulpturen wie bei uns sich Pornos zu Horrorvideos verhalten, als Organisation der »weißen« und der »schwarzen« Wünsche, der Wünsche der Vereinigung und der Entzweiung).

Die Konstruktion des Frauenkörpers scheint aus einer endlosen Zahl von Elementen der Verlockung und zugleich einer ebenso endlosen Zahl von Elementen der Unberührbarkeit (der Unsichtbarkeit) zu bestehen. Diese Frau kennt weder Scham noch Koketterie; ihre »Kraft« besteht darin, ihren Körper stolz zu präsentieren, jede Geste des Verbergens wäre ein Verrat, ein Rückfall in die bürgerliche Konstruktion des Körpers als Heiligtum des Besitzes und Drohung obszöner Preisgabe. Sie verbirgt nichts, und ihre kraftvolle Pose verneint keinesfalls die Inszenierung des Weiblichen; wie sie die Hände in die Hüfte stützt und den Arm aufs Knie legt, spricht sie von Sexualität, die nicht tanzen darf, keine Ambiguität entwickelt. So wird auch ihr Blick ins Leere ebenso verständlich wie der ihres männlichen Pendants (selbst der faschistische Paris ist so gemalt, daß wir nicht glauben können, er sehe die drei Frauen wirklich, unter denen er die schönste aussuchen soll – wie auch? Sie gleichen einander doch viel zu sehr): Mann und Frau vermeiden nicht nur Intimität, sie vermeiden nicht nur, einander zu berühren und anzusehen, sie scheinen ganz zielgerichtet ihre eigene genitale Rekonstruktion in verschiedenen Welthälften zu suchen. »Ideologisch« gesprochen (und rationalisiert) heißt das gewiß, der Mann in den Krieg und die Frau in die Mutterschaft. Aber vielleicht reicht die »narzißtische Störung« dieser Gestalten auch noch sehr viel tiefer, vielleicht spricht auch sie von der großen Kränkung, aus der nur »Erneuerung und Wiedergeburt« zu helfen schienen.

Und mit einem Mal beginne ich die beiden Gipsstatuen im elterlichen Schlafzimmer zu verstehen, die auf den Nachttischen stehen, in ihrer sonderbaren weißen Unschuld. Auch ihr Blick ist abgewendet, sie sprechen von einer Sexualität, die nur in der in sich selbst gespürten Kraft, nicht aber vom »Erkennen« des anderen lebt. Ihre Kälte, ihre Blicklosigkeit, ihre heroische Bewegungsmelodie macht sie zu Hausgöttern einer faschistischen Liebesgeschichte.

3. Der phallische Mann und die gebärende Frau. Der Mann erhebt den Phallos, während die Frau das Symbol (das Ährenbündel zum Beispiel wie in »Reifezeit« von

Johannes Beutner) an den Schoß holt. Beides scheint sie für die Abwesenheit genitaler Sexualität ein wenig zu entschädigen (Sexualität, die eine »Geschichte« hat, und daher ganz und gar nicht ewig sein kann); und beide scheinen in der Inszenierung ihrer Sexualität eher gleichgeschlechtliche Ideale zu vertreten als heterosexuelles Begehren zu betonen – aber die Verhältnisse sind natürlich doch ein wenig komplizierter. Es sind nicht der homosexuelle Mann und die homosexuelle Frau, die uns da gegenübertreten, sondern der Mann an sich und die Frau an sich.

4. Der Körper. Auch das faschistische Bild will die Nacktheit, aber es will sie zugleich nicht. So monumentalisiert sie den Körper, heroisiert ihn und bindet die Lust an das Opfer von Arbeit und Krieg. Arno Breker, so resümierte ein französischer Kritiker seinerzeit, sei der richtige Künstler, um das Bild der deutschen Jugend zu gestalten, »weil diese Jugend an die Kraft glaubt«.

Aber ist es wirklich »Kraft«, was diese gestelzt herumsitzenden und herumstehenden Frauen und Männer in ihrer Nacktheit ausdrücken? Hat nicht das Bauernmädchen von Rembrandt im kleinen Zeh soviel körperliche Kraft, wie die Diana von Saliger im ganzen Körper? Die Kraft ist ein Fetisch, keine Erfahrung.

Die vollkommene Kontrolle der ästhetischen Produktion durch ein gelegentlich absurdes System von Zensur und Förderung, entsprach indes eben nicht nur dem Machtanspruch und der Strategie der Nationalsozialistischen Partei, sondern auch der Befindlichkeit einer Gesellschaft, die sich vor Bilder zum Zeitpunkt ihrer medialen Explosion gräßlich zu fürchten begann.

So wie in der Politik und im Krieg, wie in der Vernichtung des inneren Feindes, konnte auch in der ästhetischen Produktion die endlos suggestive Welt nur in einem umfassenden Gestus der Unterwerfung ertragen werden. »Rodet den Forst – sprengt den Fels – überwindet das Tal – zwingt die Ferne – zieht die Bahn durch deutsches Land«, heißt es bei Carl Theodor Protzen. Aber auch eine solche Aussage verbirgt in ihrem nationalisierten Fortschrittsrausch nur unvollständig jene beiden Hauptelemente der faschistischen Phantasie, die immer wieder, und immer mit Gewalt, zueinander gebracht werden müssen: die Beschleunigung und das alte Glück, die Bewegung und die Regression. Und was sich in den ästhetischen Produktionen selber als unauflösbarer, aber endlos zu bearbeitender Widerspruch zwischen Beschleunigung und Regression zeigt, das kommt in der nationalen Phraseologie als doppelte Forderung an das deutsche Volk, ebenso unauflöslich widersprüchlich und ebenso bearbeitbar zum Begriff: »Selbsterneuerung und Wiedergeburt.«

Das Gespenst der Beschleunigung & die Beschleunigung der Gespenster

Wäre also der Faschismus gar nicht so sehr zu beschreiben als etwas, das sich formt zu einem Ziel (und sei es die eigene Weltherrschaft), sondern vielmehr als etwas, das sich nur aus der Abwehr aus den unterschiedlichsten Dingen bildet und dabei eine immer schwindelerregendere, immer weniger sich selbst geheure Geschwindigkeit erreicht? Wäre demnach jeder Versuch, ihn aus sich selbst heraus, als eine autonome historische oder semiologische Bewegung (eine Bewegung, die eine »Sprache« entwickeln will) zu erklären, zum Scheitern verurteilt? Müßte nicht vielmehr jene vernetzte Abwehrhaltung, die von der politischen Ökonomie bis zur Neurose noch des letzten Mitläufers einander verwandte Erscheinungen betrifft, erklärt werden als ein Durcheinander von Reaktionen auf ungeliebte bis panisch gefürchtete soziale Veränderungen, die einerseits die Gliederung der Gesellschaft, andererseits die Beziehungen zwischen Männern, Frauen und Kindern und noch einmal andererseits die Wahrnehmung von Raum, Zeit, Person und Topographie beträfe? Mag »Faschismus« demnach unter anderem auch eine Reaktion darauf sein, daß sich in einer neuen Form von Kommunikation und

Bewegung der Raum so sehr der Zeit unterordnet: wenn die wachsende Geschwindigkeit auf eine gleichbleibende Furcht vor dem »Fremden« trifft, müßte dann nicht schon »mathematisch« zugleich der Expansionsdrang, die vollständige Unterwerfung des Raumes und die Furcht vor dem »Fremden«, die schon im Innen vorhanden sind, ins Manische gesteigert werden? (Wäre der faschistische deutsche Krieg daher unter anderem auch durch die Entwicklung von Verkehrs- und Kommunikationsmitteln bestimmt, deren zivile Nutzung das pure Grauen in dem Menschen auslösen mußte, der sich selbst nur über die individuelle und nationale Kränkung definieren konnte?)

Es ist erstaunlich, wie sehr sich der deutsche Nationalsozialismus und der italienische Faschismus stets als »Bewegung« sahen. Selbst in ihren kurzen Phasen der relativen Stabilität wollten sie nichts davon wissen, »System« zu sein – nur als und in »Bewegung« verstanden sie sich. So entsteht ein auf den ersten Blick paradoxes Nebeneinander des steinernen, architektonischen Monumentalismus (der »leere« Platz, der allenfalls von der marschierenden Masse erfüllt werden kann, die heroische Pose des kategorial gewordenen Körpers) und der Bewegung.

Die Beschleunigung des faschistischen Maschinenkörpers, die im zielgenauen Todesorgasmus des Selbstmordfliegers seine Apotheose findet, ist Problem und Ideal, das mit beinahe allen Heldengestalten der populären Kultur geteilt wird. Auch der Westerner, der Pirat, der Dschungelheld müssen in einem Prozeß der Beschleunigung jenem Dilemma entkommen, das Veit Harlan so perfid wie treffend in seinen Melodramen beschreibt, nämlich jenen Verlust des Raumes, den man sich nur sehr unzureichend durch den Verlust der Kolonien gleichsam ideologisch zu erklären trachtet (und der vielleicht eigentlich nichts anderes ist als der Verlust des Raumes durch die Moderne, wie sie sich auch in der panischen Angst vor dem Verlust der Form in der Malerei spiegelt).

Wie aber kann es möglich sein, sich gleichzeitig in der faschistischen Bewegung sozusagen unendlich zu beschleunigen und den so gefürchteten und gehaßten sozialen Wandel (einschließlich des Aufstandes der Dinge) zu verhindern? Das faschistische Bollwerk richtet sich nach innen; der faschistische Soldat konnte seine Bewegung erleben, nicht obwohl, sondern weil er zuhause den Terror wußte, den Terror, der ihm garantieren sollte, daß sich »zuhause« nichts änderte. Aber gab es dieses »zuhause« eigentlich noch? Konnte der beschleunigte Soldat es überhaupt noch wahrnehmen oder mußte er sein neues Zuhause nicht eigentlich in dem einzigen Ziel sehen, das seine Bewegung unterbrechen (oder ins Unendliche fortsetzen) konnte, in jenem Augenblick, in dem er das Ziel getroffen und dabei zugleich sich selbst vernichtet hat? Mußte also nicht der Krieg selber sein eigentliches Zuhause werden?

Wie sollte also ausgerechnet die Niederlage, zugleich die gigantische Wiederholung der großen Kränkung, und die Bestätigung aller Befürchtungen, der faschistischen Wahrnehmung und Dynamik ein Ende setzen? Tatsächlich konnte dieser Prozeß wohl verändert, »zivilisiert« und durch ein System von Drohungen und Angeboten begrenzt werden, aber zugleich mußte er sich nach dem Krieg auch beschleunigen. An die Seite der kollektiven und individuellen Strafandrohung für Äußerungen, die im Sinne der faschistischen Ideologie zu identifizieren waren, traten als Angebote:

• die Wiedergutmachung der Kränkung durch materiellen Wohlstand und Tröstungen,

• die neuerliche Produktion einer Massenkultur, in der sich ein verdecktes und scheinbar entmilitarisiertes »altes Glück« offenbarte,

• die Reterritorialisierung der Wahrnehmung, wenngleich unter dem Zeichen der Intimität (Eigenheim und Garten als Ersatz für den völkischen Raum),

• die Umleitung der Beschleunigung auf wirtschaftliche und kulturelle Prozesse,

• die Intimisierung faschistischer Herrschaftsmodelle,

53

vom »Führer«, von der »deutschen Mutter«, von »Erziehung« und »Jugend« in der kleinbürgerlichen Familie,
• die Zivilisierung des Expansionsdrangs in der deutschen Ferien-Kultur,
• die Organisation der moralischen Reaktion als Fortsetzung der faschistischen Abwehr des »Dekadenten« und »Modernen« und vieles mehr.

Daß sich überdies der Kommunismus als neues, altes Feindbild errichten ließ, erwies sich auf der einen Seite der deutschen Mauer für die postfaschistische Gesellschaft als so hilfreich, wie sich auf der anderen Seite gewisse formale Analogien als ästhetische und mythische Kontinuität erleben ließen.

Aber all dies ließ sich als Mittel der Entfaschisierung nur solange benützen, als es selber Medium der Beschleunigung war. Und so brachte nicht nur jede Krise, die der materiellen Sicherheit ebenso wie ein neuerlicher Schub von Entterritorialisierung, gleichsam zwanghaft den faschistischen Bodensatz der Gesellschaft wieder an die Öffentlichkeit, die Mythologie der Kränkung und ihre nationalistische Bearbeitung fand zyklisch neue Organisationsformen, die jeweils einen Teil des alten und einen Teil des »neuen« Faschismus enthalten mußten. Tatsächlich setzt sich, gleichsam in einem unendlich sich selbst ähnlichen Prozeß, auch jeder neue Faschismus (der sich mehr oder weniger als solcher »versteht«) aus der Dialektik zwischen Beschleunigung und »altem Glück« zusammen, als das man nun den eigentlichen, den historischen Faschismus in Deutschland sieht (und dieses »alte Glück« hat seine Prophetie noch stets in den Variationen des Satzes: »Unter Hitler hätt's das nicht gegeben« – ein Satz, der seine biographische Verwandtschaft mit dem Satz nicht verbirgt: »Bei meinem Vater wäre das nicht möglich gewesen«.)

Die Paradoxie der Schübe von Faschisierung in den Nachkriegsjahren, bis hin zu dem furchtbaren Schub, den wir im Augenblick erleben, besteht nicht zuletzt in der beständig wachsenden Spannung zwischen dem territorialen Empfinden (aus dem »Volk ohne Raum« ist eines geworden, das sich »Asylanten nicht leisten« kann) und der Medialisierung. Jeder neue Faschismus trifft bereits auf sein mediales Double. So ist also die »Wiederkehr« des Faschismus selber beschleunigt, indem sie sich immer wieder an neue mediale und virtuelle »Ereignisse« bindet, und sie ist sich ihrer jeweiligen Gespensterhaftigkeit ganz offenkundig bewußt. Der neue Faschist zitiert einerseits immer den alten, so wie die Skinheads die SA-Aufmärsche zitieren und deren Stiefeltritte und wie die Wiking-Jugend die Hitlerjugend zitiert, und man ist sich dabei wohl bewußt, ein »Schreckensbild« aus der Erinnerung zu holen. (Und zugleich inszeniert man darin auch die negativen Identifikationen; der Nazi-Skin »weiß« um seine Identifikation als schwuler, proletarischer und rechtsanarchistischer SA-Mann, der auf seine Exekution durch den kontrollierten, bürgerlichen SS-Mann »wartet«. Auch die Geschichte des Faschismus wiederholt sich als Farce.)

Der Neofaschismus also funktioniert immer auch als Erinnerung und leitet sich von der »Unsterblichkeit« des terroristischen Systems der Nazi-Herrschaft ab, von einer gleichsam ewigen deutschen Abfolge von Kränkung und Säuberung.

Der neue Faschismus – wie immer er jeweils aussieht – imitiert aber auch die Geschichte und das Begehren der Faschisierung, als eine besondere Verknüpfung der Erfüllung und der Unterdrückung des Wunsches, in jener Verbindung von »Kitsch und Nichts«, von der Saul Friedländer spricht, in der mehr oder weniger vollständigen Verwandlung des Körpers in das Monument und in die Maschine, und in der vollständigen Verwandlung der Sprache in Rhetorik. Auch das steckt im übrigen in dem treffenden Bild von Diederich Diederichsen, daß sich Nazi-Bands dadurch auszeichnen, daß sie nie gute Schlagzeuger haben.

Altes Glück und neues Elend
Das Fernsehen zum Beispiel

Das alte Glück

In seinem Buch »Lachende Erben – toller Tag« zum Unterhaltungsfilm des deutschen Faschismus konzentriert
Karsten Witte den Blick auf etwas, was er »das alte
Glück« nennt, ohne es freilich vollkommen zu charak-
terisieren. Es ist eine nur auf den ersten Blick vage
nostalgisch erscheinende Sehnsucht nach einer heilen
deutschen Welt, die es nie gegeben hat, die aber aus dem
Blickwinkel der deutschen Kultur der nationalsozialistischen Zeit (und in vielen Erzeugnissen zuvor) sehr genau definiert ist als das Glück der im Krieg und durch
den Krieg werdenden (statt vergehenden) Nation – der
Krieg, so der Verfasser von Kriegs- und Indianerroma-
nen, die auch in den fünfziger Jahren gern unter deutsche Weihnachtsbäume gelegt wurden, Fritz Steuben
alias Erhard Wittek, sei das »Schicksal«, durch das »wir
erst zum Volk geworden« seien, in der ein großer Führer
über ein ständisch und völkisch organisiertes, territorial
und expansiv sich begreifendes Volk herrschte, und in
der die Ordnung der Familie die perfekte Abbildung der
Ordnung des Staates und die perfekte Abbildung des
Kosmos war: ein Mythos scheinbarer Widerspruchsfrei-
heit, der in Wahrheit indes schon in seiner Traumhaftig-
keit Idylle und Barbarei miteinander verband.

Blut und Boden, die Zeit und der Raum des »Deutsch-
Seins«, entwickeln sich in der faschistischen Mythologie
zur Identität von Schwert und Pflug (wie in dem Gedicht
»Die Morgenfrühe« von Hans Baumann aus dem Jahr
1943: »Den Pflug für den Jammer/ das Schwert für die
Not/ Eisern sind beide/ so sind sie sich gleich.«) Das alte

Glück ist immer nur dampfende Scholle und dampfendes Blut zugleich, und dieser »deutsche Fluch« straft nicht nur die, die dampfende Scholle ohne Blut haben wollen, sondern gar noch das gutmenschliche »Schwerter zu Pflugscharen« der Lüge.

Braune Röhren

Was uns als filmhistorischer Gemeinplatz geläufig ist, nämlich die Kontinuität der Personen, Geschichten und Bilder von der Nazizeit in die Adenauer-Ära und darüber hinaus, das ist uns in Bezug auf andere Medien eher peinlich; hier hat es nicht einmal so etwas wie einen Aufbruch der Jungen, eine »Neue Welle« oder wenigstens eine kritische Bearbeitung gegeben, hier ging alles immer so weiter. Dabei hatte das Fernsehen schon eine wenn auch rudimentäre deutsche Vergangenheit, von der niemand etwas wissen wollte, als »Freund Einauge« den deutschen Alltag zu erobern begann. Das faschistische deutsche Fernsehen, das noch kein unbedingt »privates« Medium war – an einen audiovisuellen »Volksempfänger« war gewiß nicht zu denken – hatte seinen Platz in halböffentlichen Räumen, in Hospitälern und Rekonvaleszenzlagern, bei Demonstrations- und »Kraft durch Freude«-Veranstaltungen, und es hatte eine bereits ausgeformte mythische Struktur, in der schon einiges angelegt war, was den bundesdeutschen Fernsehzuschauer später erfreuen sollte. So hat Eduard Zimmermanns »Aktenzeichen XY ungelöst« einen faschistischen Vorläufer mit »Die Kriminalpolizei warnt«, der im Fernsehen das ideale neue Medium für die Menschenjagd entdeckte. Hieß es in der »Nationalsozialistischen Rundfunk-Korrespondenz« zu »Die Kriminalpolizei warnt«: »Der Fernsehen ist offiziell in die Reihe jener Fahndungsmittel eingereiht worden, die die Polizei zu benutzen pflegt«, so erklärt ZDF-Redakteur Claus Legal (neben der Zimmermann-Show auch für die Kriminalserie »Derrick« zuständig): »Die Sendung steht im Dienste der Kriminalpolizei« (also nicht: im Dienste des sozialen Friedens, im Dienste der Wahrheitsfindung, im Dienste des demokratischen Rechtsstaates). Auch die Gymnastik- und Aerobic-Serien hatten ihren Ahn in der Sendung »Körperschulung für die Frau«, deren Schönheits- und Gesundheitsideal ohne jeden Widerspruch ins Jahr 1996 zu übertragen wäre – nur die Klamotten waren weniger schrill. Und das Rückgrat des faschistischen deutschen Fernsehprogramms bildete eine Programmart, die in unserem kollektiven Gedächtnis eigentlich erst in den sechziger Jahren und natürlich als amerikanischer Import existiert: die »Gesprächsrunden« und »Künstlerfragen«, die schon zu dieser Zeit seltsame Grenzen der Diskretion überschritten und Fragen beantwortet haben wollten wie »Küssen sich Schauspieler auf der Bühne wirklich?« Dazu kamen Revuen und Sport-Installationen wie die Übertragungen aus dem Kuppelsaal des »Reichssportfeldes«, eine vollendete Mischung aus Sport und Glamour. Zur gleichen Zeit sendete dieses frühe deutsche Fernsehen Spielfilme in zurechtgeschnittenen Versionen im uns nicht mehr vollständig unbekannten Format von etwa einer halben Stunde Länge, zum Teil in mehreren Fortsetzungen. Kurzum: das Fernsehen des Jahres 1939 in Deutschland unterschied sich nicht sonderlich von dem des Jahres 1996. Nicht anders war die damalige Nachrichtensendung in ihrer rudimentären Form vor allem Kriegsberichterstattung und anders als die Film-Wochenschau, wenngleich oft mit dem selben Material versorgt, beschaulicher, nicht zuletzt, weil Fernsehen eine der Möglichkeiten war, in den Lazaretten und Krankenhäusern für »Frohsinn« zu sorgen. Andererseits gab es offensichtlich auch schon den »heftigen« TV-Realismus in einer Darstellung, die wie die *Nationalsozialistische Rundfunk-Korrespondenz* schrieb, »die entsetzlichen Folgen des von verantwortungslosen Geldsackanbetern entfesselten Krieges« zeigte. Die Empörungsstrategie hat sich bis heute, schauen wir uns die Berichterstattung über Ex-Jugoslawien an, nicht wesentlich geändert. Und an

einem Film wie »Wunschkonzert« (für den sich eine
Reihe ehemaliger Ufa-Stars höchstens ein bißchen ge-
niert) lassen sich an der Choreographie von Bühne und
Zuschauer mit möglicherweise wachsendem Grimm die
Kontinuitäten vom faschistischen Unterhaltungsevent
zur deutschen Fernsehunterhaltung belegen. Das selbe
gilt sicher von der Inszenierung der Olympiade: es ist
vielleicht nicht allgemein bekannt, daß es zur Olympiade von Berlin nicht nur den als technisch so superior
gefeierten Film von Leni Riefenstahl gab, sondern zum
ersten Mal auch Life-Übertragungen im Fernsehen für
Deutschland, die über öffentliche Knotenpunkte mehr
Menschen erreichten, als es die bescheidene Anzahl der
Fernsehgeräte im Jahr 1936 vermuten ließe. Hier bedingen sich Event und Medium wie später auch. Selbst die
bizarre Professionalisierung des Publikums gab es damals wie heute; schon damals wurde moniert, daß sich
erkennbar immer wieder die selben Leute in die Fern-
sehshows einschmuggelten. Das deutsche Fernsehen von
heute ist, grob gesagt, das politisch entschärfte und
privat verschärfte Fernsehen des Faschismus, das seinen Sendebetrieb aus mehr oder weniger technischen
Gründen eineinhalb Jahre vor dem Regime einstellte.
Das kann uns nicht mehr passieren.

Vom Sozialklimbim zur neuen Gemütlichkeit

Aber gewiß, trotz seiner großkarierten Biederkeit und
gelegentlicher Ausrutscher, trotz einiger Flirts mit den
Mythen des Kinos zur selben Zeit (wie in der Serie »So
weit die Füße tragen«, einem der ersten »Straßenfeger«
des bundesdeutschen Fernsehens, die die Rehabilitie-
rungsszenarios des Restaurations-Kriegsfilms wiederholte) war das Fernsehen in den fünfziger und sechziger
Jahren »gut«. Es gehorchte einem Bildungsauftrag und
sendete Bühnenklassiker mit Gertrud Kückelmann und
antifaschistische Fernsehspiele. Es war vielleicht gerade
deswegen so gut, weil das Kino so schlecht war. Gewiß

59

gab es auch schon Kitsch, und es gab Familienserien, mal beschaulicher, mal eher melancholischer Art. Aber im wesentlichen waren für das deutsche Fernsehen der Nachkriegszeit eben jene Genres und Helden des Gebrauchskinos tabu, die nicht nur den erlesen schlechten Geschmack des Publikums ausstellten, sondern, wie man immerhin mancherorts argwöhnte, ideale Felder für die Kontinuität der Erzählungen von der faschistischen zur post-faschistischen Gesellschaft boten: der Heimatfilm, der Ferienfilm, der Soldatenfilm, der Arzt- und Übermensch-Film, der heroische Historizismus, die Habsburger- oder Hohenzollern-Phantasie, die regressive Komödie.

Die erste Generation der deutschen Fernsehunterhaltung nach dem Krieg versuchte, sich also primär über »Kultur« zu legitimieren (auch die große Samstagabendunterhaltung der deutschen Fernsehfamilie pflegte um Bildung und Wissen zu kreisen), jede Kontinuität zum Ansatz des faschistischen deutschen Fernsehens zu unterbinden und sich mit leisen und literarischen Mitteln der »Aufarbeitung der Geschichte« zu widmen. Der Nachteil dieses so kultivierten Fernsehens war es, daß der Alltag nicht recht vorkam; es war ein Fernsehen mit Goldrand, das, ganz im Gegensatz zu den anderen Formen der Unterhaltung, weder die sensationelle Verwerfung noch die grandiosen Ziele der Modernisierung der Zeit ausmalte, sondern vielmehr einen Winkel des rückbezüglichen Glücks ausstaffierte, eine Behaglichkeit mit einem gewissen Anspruch, in der noch auf »Rin Tin Tin« mindestens eine belehrende Sendung folgen mußte.

Die zweite Generation der deutschen Fernsehunterhaltung entdeckte die Alltäglichkeit auf mehreren Ebenen. In den siebziger Jahren (als man sich auch zu einer nicht von der Werbung unabhängig zu denkenden Art teilweise aus dem Schatten amerikanischer Serien zu lösen trachtete), dominierte für eine Zeit der sozialliberalen Kultur-Mythen entsprechend eine Art sozial relevanter Serie, die die Sorgen und Nöten »kleiner Leute« behandelte und die nicht so sehr um Helden und Heldinnen, sondern um Schauplätze und Probleme zentriert war. Da gab es den »Fall von nebenan« und nicht zuletzt eine ganze Reihe von pädagogischen Serien wie »Lerchenheim«, wo es um Jugendkriminalität geht, oder »Algebra um acht«, wo Probleme in der mehr oder weniger fortschrittlichen Pädagogik behandelt werden, und auch eine Heimatserie »Um Haus und Hof«, wo ein Bauer um seinen Besitz und seine Identität kämpft. Auf den ersten Blick scheinen diese Serien das genaue Gegenteil der »hemmungslosen« neuen Serien, vom »Forsthaus Falkenau« bis zum »Unser Lehrer Doktor Specht«, aber sie haben bereits auch schon bemerkenswerte Verwandtschaften: Sie funktionieren vollständig territorial, sie personalisieren jeden Konflikt erbarmungslos schon durch die halbnahen und nahen Kameraeinstellungen, schieben Mißverständnisse und Scheinkonflikte über die wirklichen Widersprüche, und sie sind vor allem selbstmitleidig. Die Ursachen für Zerwürfnisse liegen in den Charakteren, und die Serien entwickeln einen Katalog von Unarten, der unschwer mit den »sieben Todsünden des Kleinbürgertums« zu synchronisieren wäre. Und die Serien funktionieren als prächtigste Anpassungswerte für die Zeit der sozialliberalen Koalition: wenn ein junger Lehrer (in »Lerchenpark«) mit seiner Kollegin in »wilder Ehe« lebt, wie man das damals nannte, dann ist das okay, nicht okay ist es, wenn er herumläuft und allen Leuten erklärt, wie verdammt progressiv er dabei ist; das muß den reaktionären Rektor doch gegen ihn aufbringen; eine junge Frau ist eine Mutter eines unehelichen Kindes (in »Algebra um acht«), was irgendwie Schicksal und okay ist, aber nicht okay ist, daß sie ihren Lover, den sie mag und der sowas von sympathisch ist, nur deswegen nicht heiratet, weil er bloß ein armer Bademeister ist. In »Gemeinderätin Schumann« wird das Ideal der sozialliberal emanzipierten Frau entworfen: eine durch und durch sympathische und leistungsbringende Lehrerin engagiert sich wie nicht gescheit für Fußgängerwege, Kindergärten und Nachbarsorgen und kriegt es dazwischen mit Bilderbuchmännern zu tun, die keine Frau in leitenden Positionen leiden sehen wollen. Und die »sozialkritische« Serie kippt am Ende schon wieder in die alte/neue Kitschbrutalität um, wenn die Heldin, sie ist ja auch wirklich stets auf schwerste »hergerichtet«, einem reichen Mann gefällt. (Wir wollen nicht verschweigen, daß es insbesondere unter den mittlerweile legendären Icon-Produktionen dieser Zeit auch einige Ausnahmen gab, wie etwa die Resozialisierungs-Serie »Alles gute, Köhler«.)

Die »sozialkritischen« Serien, deren spätes, erfolgreiches Kind auch die »Lindenstraße« ist, waren im Fernsehen selber nie besonders beliebt. Selbst der Serienredakteur des ZDF, Dr. Willi Kowalk, befand 1974: »Dann lieber noch ehrlichen Kitsch à la Lassie als diese verlogenen Aufklärungsklischees.« Das ist, auch sprachlich, die Vorwegnahme des kommenden populistischen Medien-Schwurbels, denn die neue deutsche Serie der dritten Generation nahm dann die Territorialität, den angemaßten Naturalismus der »aufklärerischen« Serien auf und verband ihn mit der Klischeehaftigkeit der alten deutschen Unterhaltung. Der »Sozialkitsch« der zweiten Generation, den dummerweise das Publikum zu lieben schien, was Einschaltquoten und Werbeeinnahmen belegen, verband sich trefflich mit den Bildern des alten Glücks, das eine furchtbare Verbindlichkeit entstand, so, als genieße man zugleich einen Sozialreport und einen Lore-Roman. In der Zeit der größten Prosperität und an dem Punkt, wo die meisten Menschen von den Modernisierungen zu profitieren schienen, badete das bundesdeutsche Fernsehen im Elend der Modernisierungsopfer. Der Erfolg der »Sozialklimbim«-Serien indes war die Voraussetzung für die Wiedergeburt der alten deutschen Unterhaltungsmythen in neuem Gewand.

So entsteht in dieser Serie der dritten Generation am Ende der siebziger Jahre ein seltsames Paradoxon, das noch viel schlimmer scheint als die beiden Formen einzeln, nämlich Figuren, die nach den Regeln des psychologischen Realismus behandelt werden, die sich in einer Klischee-Welt bewegen und zumeist Unsinnssätze absondern, aber dabei beständig über ihre eigenen Sorgen und Probleme lamentieren, die vollständige Amalgamierung von »Sozial-Klimbim« und »Kitsch«. Die »Schwarzwaldklinik« ist eine »heile Welt«, aber sie gönnt ihren Zuschauern keine wirklichen Glücksbilder. Dieses Paradies ist von Menschen bewohnt, deren größtes Vergnügen das Leiden und das Jammern über dieses Leiden ist.

Die Attacke des »Realismus« in den siebziger Jahren aber hat das Medium erfolgreich abgeschlagen. Die Möglichkeit, wie in den siebziger Jahren, auch proletarische Lebensumstände und Traditionen wiederzugeben, hat sich ebenso verloren wie eine Bearbeitung »sozialer Brennpunkte« in Serienform, wie – sagen wir – das Schicksal Strafentlassener in »Alles Gute, Köhler«. Aber der Kitsch, der seine Nachfolge antritt, findet nie zu seiner Unschuld, ist hoffnungslos infiziert an der Problemgeilheit und dem Alltagssadismus seiner Vorläufer.

Heimat, Familie & Natur

Die direkte Fortsetzung des Familienfilms der NS-Zeit und des bundesdeutschen Unterhaltungsfilms liegt indes in der Konstruktion geschlossener Systeme. Es ist durchaus spezifisch für die deutsche Serien-Produktion, daß sie so manisch den Ort bezeichnet, an dem sich ihre Konflikte abspielen, und daß sie so definitiv unterscheidet zwischen dem Innen und dem Außen, dem Dableiben, dem Weggehen und dem Wiederkehren, zwischen der Heimat und der Welt. Während, sagen wir, eine amerikanische Serie Menschen zeigt, die eine Aufgabe lösen oder Überlebensstrategien entwickeln, scheinen die Heldinnen und Helden der deutschen Fernsehserie unentwegt auf der Suche nach ihrer »Identität«, sie wollen unablässig wissen, »wo sie hingehören«. Das »alte Glück« der deutschen Fernsehserie ist die Verwandlung eines so oder so definierten Territoriums durch die Familie in Heimat. Und es definiert sich nicht wenig durch den Umstand, daß diese Verwandlung immer wieder verfehlt wird, vorzugsweise deshalb, weil es zu viel Neues und Fremdes in dieser Welt gibt.

Dazu gehört nicht nur die Zeichnung der Außenwelt als prinzipiell feindlich, sondern auch eine Balance zwischen Akzeptanz und Abwehr von Neuerungen. Die Rückbindung an die traditionellen, die »verwurzelten« Werte verkleidet sich nicht zuletzt ökologisch-traditionalistisch. In einer neuen Folge der »Wildbach«-Serie etwa geht es um die Gegenüberstellung zweier Gruppen von Bergfexen, die einheimischen Naturburschen und die modernen technisierten Bergfans, die dann, trotz aller technischen Equipments unbarmherzig versagen, als es um die Rettung eines Mannes aus einer Felsspalte geht. Nicht die bunten Bergklamotten machen es, sondern die »volkstümliche« Verwurzelung, die das Richtige vom Falschen unterscheidet.

Das Ökologische, das als »Naturverbundenheit« schon nicht mehr ganz so harmlos daher kommt, wird zur modernen Version der Vertretung des »alten Glücks«. Wenn in der fünften Staffel der »Forsthaus Falkenau«-Serie schon eine Großstädterin die Nachfolge der ausgeschiedenen Schauspielerin bzw. der seriengerecht geopferten und begrabenen Försterin antreten muß, dann ist sie die Tochter des Filmregisseurs Volker von Collande (»Hochzeit auf Immenhof« – »Wenn ältere Leute meinen Namen hören, dann fragen sie manchmal ganz neugierig: ›Haben Sie etwas zu tun mit Volker von Collande?‹«), und natürlich engagiert sich Nora von Collande privat bei »Greenpeace« und »WWF« und ist auch sonst total umweltbewußt: »Mein Auto habe ich verkauft. Ich fahre Fahrrad.«

Die schöne schlechte Welt der Serien-Genres

So wie es möglich ist, eine Meta-Struktur für die deutsche Serie, vom Krimi über die Familiengeschichte zum Komödienstadl zu formulieren, so liegt ihre Wirkung doch auch in der Fähigkeit zur Differenzierung. So entstanden eine Reihe von sich bewährenden Formaten und Genres, die zugleich Mosaik-Stücke in der Rekonstruktion des »alten Glücks« sind und ihr Publikum auf eigene Weise formen.

1. Die neue Heimatserie. Die Heimatserie hat eine klare topographisch-mythische Struktur. Ob bei »Forstinspektor Buchholz« (WDR) oder »Forsthaus Falkenau«, stets wird die Topographie dominiert vom Schloß der Adeligen (hier heißen sie »von Alsfeld«), und stets kommt es zu einem signifikanten Bündnis: die traditionsbewußten, guten und reichen Adeligen tun sich zusammen mit den »fortschrittlichen«, ökologisch denkenden Jungen und verhindern zum Beispiel den Bau einer geplanten Autoteststrecke. Ein Jahrzehnt, bevor es auch politisch zur Allianz zwischen den Grünen und den Schwarzen, den neuen und den alten Reaktionären kommt, ist sie in der Forsthaus-Idylle der Fernsehserie schon vollzogen, hat sich so etwas wie eine bizarre Melange aus ökologischen, ständischen und völkischen Impulsen gebildet, in der auch die Frau wieder auf ihren Platz geschickt wird: in die Küche. Und wieder kann eine Frau, wie in »Forstinspektor Buchholz«, die aus der Stadt kommt, nur halb so gut sein wie die Frau vom Land. Im »Forsthaus Falkenau« gar hat die Frau, die »Karriere in der Stadt« machen wollte, ihren Mann an seiner wahren Bestimmung, als Förster durch den deutschen Wald zu pirschen, gehindert und muß daher durch einen Unfall ums Leben kommen. Der sympathische Freund des Forstinspektors Buchholz meint anerkennend: »So ein Prachtexemplar läuft einem nicht alle Tage vor die Flinte.« Er meint damit eine Frau. Verworfen werden die Freundin, die Stadtmaus, die sich mit der Natur nicht anfreunden kann, und die verführerische Adelige, die nur ihren Vorteil und ihre Macht im Kopf hat; die richtige ist eine Kunstschmiedin im Waldwinkel.

Wie oben unabdingbar das Adelsschloß zu stehen hat und ganz unten das »schwierige Gelände«, so muß zwischendrin das »Wildgehege« (»Forsthaus Falkenau«)

oder der »Safari-Park« (»Forstinspektor Buchholz«) als plebiszitärer Ort der öffentlichen Verständigung zwischen Mensch und Natur sein, ein ambivalenter Ort zwischen »wilder« Natur und städtischer Gesellschaft.

Ein durchgehender Zug der modernen Unterhaltungsserie ist die Rekonstruktion der adeligen Welt als Traumreich, in die, wie in »Rivalen der Rennbahn«, niemand so leicht »von unten« eindringt, und wie in »Forsthaus Falkenau« gibt es eine mythische Konstruktion: die schöne Adelige hält sich einen tüchtigen bürgerlichen Mann als Protegé, ohne daß sie dabei ihre Distanz zu seiner Klasse verliert. In »Das Erbe der Guldenburgs« ist die adelige Brauer-Familie, bei aller fürs Geschäft notwendigen Härte, doch nie so gemein wie die bürgerliche Konkurrenzfamilie und ihr glatzköpfiger Oberfiesling. Zu den Bildern, auf die die Serie immer wieder hinauswill, gehört, neben dem prächtigen »Anwesen« der Protagonisten, die Inszenierung eines Blicks des Herrenmenschen, unnachahmlich deutsch, das Kinn vorgereckt, die Mundwinkel nach unten, die Augen in kalter Besitzlust über Menschen und Dinge, die Hand mit einer imaginären Reitpeitsche beschäftigt. Wohlgemerkt, so schauen die »guten« in dieser Serie. Der Mann definiert sich durch die Leistung, die Frau durch Geburt, während zur gleichen Zeit die bürgerliche Frau erheblich unter ihrem eigenen Emanzipations- und Karrierredruck zu leiden hat und dabei ihren familiären Frieden aufs Spiel setzt. In allen Serien, selbst in denen, wo Frauen die Helden abgeben, werden die Leiden der berufstätigen Frau, wie bei Gaby Dohm in der »Schwarzwaldklinik«, an ihr und keinesfalls am Mann oder an der Gesellschaft verhandelt. Die berufstätige Frau muß mit dem schlechten Gewissen gegenüber der Familie fertig werden, nicht umgekehrt.

Nur ganz indirekt wird der Stand, die Tradition mit der Rasse in Bezug gesetzt: die adelige Frau ist zuallererst die durch und durch deutsche Frau. Die Funktion von Tieren, die allemal »rasserein« zu sein haben, insbesondere Pferde, läßt sich dabei als mythische Ver-

66

schiebung deuten. Zu »Rivalen der Rennbahn« heißt es trefflich im Pressetext: »Bei Galopprennen werden nur Vollblüter zugelassen. Es handelt sich dabei um eine Pferderasse, die seit mehr als fünfundzwanzig Generationen nach den Kriterien der Rennleistung gezüchtet und die auserlesensten Pferde hervorgebracht hat. Ihnen gilt das Hauptinteresse in dieser Serie, und doch wären alle Mühen vergeblich, wenn nicht hinter den Kulissen der Rennbahn eine Reihe von risikofreudigen Menschen tätig wäre, die diesen Sport zum spannenden Wettkampf zwischen Mensch und Pferd machen.« Und für den Jockey alias Thomas Fritsch gibt es nur ein (teils leicht sodomitisches, teils metaphorisches) Glück, »eins zu sein mit einem Vollblut«. Aber das »reinrassige« Pferd ist auch sonst gern immer wieder Glücksstifter zwischen Paaren in deutschen Serien, wie in »Die Hütte am See«, wo ein Schimmel mit dem schönen Namen Ramboso zum Ehestifter zwischen Pierre Brice und Gudrun Landgrebe wird.

Freilich ist vor allem der Berg selber der ewige Garant des alten deutschen Glücks, in Nuancen allenfalls unterschiedlich emotional aufgeladen in Serien wie »Der Bergdoktor« (Sat.1), »Wildbach« (ARD), »Die Leute von St. Benedikt« (ORF), »Der Gletscherclan« (PRO 7). »Wildbach« zum Beispiel stellt die im Grunde immer wieder gleiche Frage: Wer darf auf (unsere) Berge kraxeln, und wer soll es tunlichst unterlassen. Die Kommerzialisierung, die noch das Thema des deutschen Heimatfilms der sechziger Jahre war, ist hier weitgehend abgeschlossen. Der Held ist beinahe selbstverständlich nicht nur Mitglied der Bergwacht, sondern auch Besitzer eines Sportgeschäfts. Deshalb hat man gelernt, zwischen den guten und den schlechten Touristen zu unterscheiden. Die guten sind nicht nur die, die viel Geld bringen und wenig Ärger machen, sondern auch diejenigen, die sich am widerspruchfreiesten in die Konstruktion des »alten Glücks« einpassen. Und noch einmal: Je urbaner sich die Gäste geben, desto sicherer werden sie als negativ eingeschätzt, und aus dem Ruhrpott kommen natürlich vor allem Ganoven, die aussehen wie Rocker nach drei schlaflosen und bierreichen Nächten.

Die Verzahnung geht beständig weiter: Die Tochter des älteren Helden und Love Interest des Jüngeren ist natürlich die schauspielerisch eher unbedarfte Ehefrau des deutschen Tennisstars Michael Stich. Das alte Glück rekonstruiert sich im Dienst der umfassenden Sport- und Freizeitindustrie des Landes, die ihrerseits gern das Markige und Nationale keineswegs scheut.

Aber noch deutlicher als die modern gekleidete deutsche Natur-Mystik und eine indirekte Rassegeilheit ist die seltsame Umkehrung eines alten Kino-Mythos: Im Ufa-Film konnte das Ladenmädchen davon träumen, einen Prinzen oder Fabrikanten zu heiraten, im Wirtschaftswunder-Film träumte die Sekretärin von der Heirat mit dem Chef (oder träumte doch eher irgendjemand viel Kleineres im Publikum den Traum des Chefs, sich von seiner Sekretärin so begehrt zu sehen?), in der neueren deutschen Fernsehserie jedenfalls steht der Traum von einem kleinbürgerlichen Mann im Mittelpunkt, den unbedingt Prinzessinnen und Fabrikantinnen heiraten wollen.

2. *Die Arztserie.* Natürlich sind die Ärzte der Serien gegenüber denen aus den faschistischen Melodramen und den »Halbgötter in Weiß«-Filmen der Nachkriegszeit vermenschlicht, sie tragen geradezu triumphalistisch ihre Schwächen vor sich her. Freilich sagen sie so oft »Ich bin auch nur ein Mensch«, wie nur Leute zu Leuten sagen, die nicht im Ernst daran glauben. Dennoch ist ihr Herrschaftsanspruch, ihre Fähigkeit, die Dinge zwischen Leben und Tod zu regeln, selten in Frage gestellt. Sie sind, wie die Lehrer in den entsprechenden Serien, humane Vertreter von Institutionen, bei denen es freilich stets nicht zur Diskussion steht, ob sie sich demokratisch verändern lassen.

Auch in den Arztserien wird der Diskurs Stadt/Land aufrechterhalten, die »Schwarzwaldklinik« ist ebenso dem »guten« Land zugeordnet, wie der »Bergdoktor« ohne zu zögern, sich für eine heruntergekommene Landpraxis statt der Leitung einer Klinik in der Stadt entscheidet. Und der »Landarzt« kommt, nachdem es in der Stadt nur Kummer und Enttäuschung gab, in ein Dorf, in dem personell die alte Ordnung noch herrscht und Lehrer, Bürgermeister, Pfarrer und Bauernvolk ständisch alle Störungen regeln.

Für den nationalsozialistischen Film war der Arzt eine ganz eigentümliche Verbindung von einem prophetischen Übermenschen und Führer und einem ausgewiesenen Humanisten, der das Faschistische als das Vernünftige erkennt, nicht nur, aber vor allem in seiner Funktion als praktizierender Rassist und als Theoretiker der »Rassenlehre«. In Wolfgang Liebeneiners 1941 gezeigten »Ich klage an« (nach dem Roman »Sendung und Gewissen« von Helmuth Unger) bittet die an multipler Sklerose erkrankte Frau (Heidemarie Hatheyer) ihren Mann, den Arzt Prof. Thomas Heyt (Paul Hartmann) um das erlösende, tödliche Medikament. Gewiß wird dieses mittlerweile als Paradebeispiel einer indirekten Propaganda für die Euthanasie-Programme hinreichend entlarvte Stück keineswegs imitiert, aber nach wie vor scheint ein deutscher Arzt prinzipiell zwischen »Sendung und Gewissen« zu stehen und sich daraus immer nur in eben jenen Mythos flüchten zu können, der ihm ein Quantum Übermenschlichkeit verleiht. Es ist der Krieg, den der Arzt gegen das Böse, gegen die Krankheit, gegen den Tod vorfindet, so wie Robert Koch in dem ebenfalls nach einem Stoff von Helmuth Unger inszenierten Film ausruft, nachdem er den Tuberkulose-Bazillus isoliert hat: »Jetzt kenne ich den Feind, die Waffen können geschmiedet werden.« Am Beginn der neunziger Jahre wurde gewiß nicht von ungefähr von Kritikern und Werbespezialisten moniert, daß die Arztserien gezielt Message Placement für die »Apparatemedizin« und die chemischen Medikamente und gegen Kritik von seiten der »alternativen« Medizin enthielten. Und in einer Serie wie »Nesthäkchen« (nach den Romanen von Else Ury, im Jahr 1983 produziert) muß der durchaus gottähnliche Vater und Arzt erst einmal von den Vorzügen des natürlichen Lebens auf dem Land überzeugt werden, um dann umso begeisterter die wahre Bestimmung des deutschen Arztes zu erkennen: Ordnung zu bringen in die unordentliche Welt.

Der Arzt der deutschen Fernsehserie kennt seinen Feind nicht weniger genau: es ist die Einsamkeit des deutschen Menschen, der sich nach Gemeinschaft sehnt. Wie einst Old Shatterhand steuert auch dieser Arzt beständig auf eine Art reinszeniertes deutsches Weihnachten hin, in dem die Erlösung nur gelingen kann: das verweltlichte, nationalisierte Licht geleitet seinen Patienten. Jede dritte Folge einer deutschen Arztserie handelt davon, daß der Arzt, statt Pillen zu verschreiben oder Wunden zu verbinden, sozusagen als Ersatzmann in die unvollständige deutsche Familie kommt. Recht eigentlich ist er (und da verstehen wir, warum er so wenige sympathische Kolleginnen hat) die heilende, gütige Rückkehr des verschwundenen Vaters.

Die Diskurse haben sich nicht so sehr geändert, als vielmehr ineinander aufgelöst: Der Arzt als Autoritätsgestalt steht im nationalsozialistischen Unterhaltungsfilm vollkommen über den alltäglichen Problemen und Verwicklungen, auch über der Sexualität und im Dienst des (deutschen) Volkes. Er ist nicht nur die andere Seite des großen Lenkers und Führers (die einzige Gestalt, nebenbei, die ihm nahe sein kann, ohne Verdacht zu erregen), er ist auch die andere Seite des soldatischen, kämpfenden Mannes. Im Nachkriegsunterhaltungsfilm ist dieser Arzt immer noch mehr oder minder unberührbar, aber er greift zumindest in die Schicksale ein und erlebt den Konflikt zwischen beruflicher Anforderung und privatem Interesse. In der »Schwarzwaldklinik« ist der Konflikt zwischen Auftrag und Lust immerhin in der Familie des Arztes gespiegelt, und der »Frauenarzt Dr. Markus Merthin« (bezeichnenderweise gespielt von Sascha Hehn, der in der »Schwarzwaldklinik« den im Irrgarten der Liebe umhertaumelnden Sohn spielen durfte), lebt gleichsam in endloser sinnlicher Defensive. Das Privatleben überwuchert nun so sehr das berufliche, daß wir, ein Kreis schließt sich da, wieder vollkommen widerspruchsfrei seine Funktion selber sehen. Was auch für diesen Arzt am Ende steht, ist indes ein bizarrer Mythos des Verzichtes. Der Preis für seine Autorität ist immer noch ein Opfer in seinem Privatleben. Noch in der biedersten Vorabendserie schafft es ein deutscher Arzt nicht, seinen Beruf, wie etwa sein amerikanischer Kollege »Dr. med. Marcus Welby«, als einen Job anzusehen, den man so gut wie möglich macht. Er ist immer auf irgendeine Weise dafür »geboren«, folgt einer »Bestimmung« und legitimisiert sich über ein Opfer, das sich weder als Erfahrung in den durchschnittlichen Arzt-Biographien dieser Gesellschaft findet, noch anderen Karriere-Berufen so ohne weiteres zugestanden wird. Der synthetische Konflikt zwischen ärztlicher Berufung und privatem Leben wirkt daher als eine der Einfallsschneisen für die mythische Konstruktion der »Gemeinschaft« und nicht zuletzt als Bestätigung der ständischen Organisation des Lebens. Deshalb gibt es in deutschen Arzt-Serien immer Haushälterinnen, Köchinnen, Dienerinnen, die sogar noch beim »Bergdoktor« daraufhin hinweisen müssen, daß der Arzt einer anderen Klasse angehört als das »Volk«, dem er so verbunden ist (und zur gleichen Zeit spielen sie, wie die Köchin bei den Pfarrern, ihre Rolle in einer besonderen erotischen Mythologie). Selbst ein so »menschlicher« Arzt wie Günther Pfitzmann in der Serie »Praxis Bülowbogen« konstituiert ein patriarchales Abhängigkeitsgefühl, der keine Krankheit zu kurieren imstande ist, ohne dem Patienten einen Katalog von Lebensregeln, eine »Weltsicht«, zu verpassen. Genau besehen gehören die Arzt- und Försterserien zu den Unterhaltungsangeboten, die klammheimlich eine patriarchale »Geborgenheit« rekonstruieren. Eine väterliche Autorität lädt das freundliche Angebot des Ersatz-Vaters in einer Gesellschaft der verschwindenden Väter mit sehr viel weniger freundlichem mythischen Beiwerk auf. Während in der ersten und

zweiten Generation der deutschen Fernsehserie der
Ersatzvater für die vaterlose Gesellschaft der Nach-
kriegsgeneration ein biederer, verläßlicher Beamter zu
sein hatte, der die alten Werte in sich gegen das amor-
phe Böse noch einmal mobilisierte, ist der neue Ersatzvater einer, der die sozialen und psychologischen Umstände seiner Entmachtung durchaus bearbeitet hat:
Die Rekonstruktion der Familie – bei aller Reflexion
ihrer Probleme – geschieht dennoch stets unter dem
Blickwinkel ihrer patriarchalen, hierarchischen Struktur. Selbst der Tierarzt Dr. Bayer in der Serie »Ein Heim
für Tiere« ist in Wahrheit gar kein Arzt für Tiere, sondern einer, der Tiere benutzt, um Menschen zu »heilen«,
um alles und jeden »auf den richtigen Weg« zu bringen,
und – wen wundert's – immer geht es dabei auch um die
»eigene Identität«. Der Arzt ist gleichsam der »Heiland«
des »alten Glücks«, die Lichtgestalt, die einmal mehr
keine Klassen kennt und alle Stände den gleichen Maxi-
men unterwirft, sie aber sehr genau auseinanderzuhal-
ten weiß.

3. *Die Familienserie.* Noch mehr vielleicht als in anderen
Gesellschaften entspricht die deutsche Familienserie
einer Art Nationalepos in extremer Verdichtung und
zugleich jener »Ideologie der Intimität«, in der der Sozio-
loge Richard Sennett die Abkehr des Menschen von der
(politischen) Öffentlichkeit sieht. Gewiß ist die »Zelle«
(in ihren verschiedenen Bedeutungen) für jede kleinbürgerliche Kultur die Familie, d.h. das primäre Pro-
blemfeld, und Familienserien geben wohl genauer als
andere mythische Konstruktionen die Befindlichkeit des
universalen und des regionalen Kleinbürgertums wieder. So wie die Familie in der »Bill Cosby Show« durch
ihren Aufstiegs- und Anpassungswillen zusammenge-
halten wird, so ist sie bei Al Bundy (»Married With Chil-
dren« oder »Eine schrecklich nette Familie«) nichts als
ein System gegenseitiger Ausbeutung und gemeinsam
ausgelebter Gier und damit bester Ausdruck der Reaga-
nomics. Es gibt keine Moral und keine Solidarität, nie

72

gibt es in dieser Serie den sentimentalen Rückschlag. Es ist immer noch schlimmer, als es scheint.

Signifikant zahmer schon wurden deutsche Versionen der family sitcom wie »Hilfe, meine Familie spinnt«. Die deutsche Familie ist aber vor allem ein Leidenszusammenhang; exzessiv und beinahe todessehnsüchtig muß sie leiden in »Diese Drombuschs«, bis am Ende alles in Flammen aufgeht, die einen Alkohol und Drogen verfallen, die anderen in geistige Umnachtung sinken. Darin steckt vor allem und immer wieder das Portrait einer deutschen Mutter, die als große Kümmerin in unendlicher Leidens- und Opferbereitschaft mehr Unheil anrichtet, als es der schwache oder verschwundene Vater hätte tun können. Sie ist seit Inge Meysel das Zentrum eines unaufhaltsamen sozialen Abstiegs der kleinbürgerlichen Familie, die sich über Beschränkungen hinaus gewagt hat. Auch darin ähnelt die Fernsehserie dem nationalsozialistischen Unterhaltungsfilm und widerspricht ihm: In diesem ist die Kleinbürgerfamilie von den Geboten der Exogamie bedroht; daß sie nicht vollständig in sich ruhen, »ewig« werden kann, löst die entsprechenden Krisen aus. Sie sieht, auch wenn davon nicht die Rede ist, vor allem ihr »Deutsch-Sein« bedroht. Im deutschen Nachkriegsfilm kommen diese Gefährdungen vor allem von außen. Die Klasse muß sich in der Modernisierungsphase definieren und hat ihre Stabilität erreicht, wenn die neue Familie mit der alten verzahnt, das Häuschen gebaut, die Erbschaft akzeptiert ist. Die deutsche Fernsehserie handelt von der Kleinbürgerfamilie, die gleichsam automatisch »Flausen« produziert, die sich hier mal als Kleinunternehmer, dort in Karriere versucht. Egal, was unternommen wird, um das Kleinbürgerliche der kleinbürgerlichen Lebensform zu überwinden, es geht garantiert schief. Zum Ausgleich erhalten wir Einblick in die Welt der Mächtigen und Reichen und sehen nicht nur, wie verkommen und dekadent die sind, sondern auch, daß deren Tragödien immer noch um eine Nummer größer ausfallen müssen.

Die Familie ist das nationale Heiligtum in der deutschen Fernsehserie. Protest und Zensur ruft es hervor, wenn in der »Schwarzwaldklinik« ein mißhandeltes Kind aus einer deutschen Familie vorkommt. Die »Ausländer«, auch unsere Lieblings-Ausländer, die ganz, ganz lieb sind, zeichnen sich immer dadurch aus, daß sie entweder zu viel oder zu wenig Familie haben. Es gelingt ihnen nie, die deutsche Familie unterm Weihnachtsbaum zu imitieren, die das unausgesprochene Ideal bleibt. Selbst eine mehr oder weniger tragische erotische Beziehung zwischen Deutschen und Ausländern, die wir gewiß sehr sympathisch finden, führt zur Auflösung der deutschen Familie. Die Serie vermag darin nur das Problem zu sehen und schafft damit, gerade wo sie sich des aufklärerischen Gestus der »Sozialklimbim«-Phase und der neuen Gutmenschlichkeit bedient, den Meta-Rassismus für eine Gesellschaft, die kulturelle Vielfalt gerade noch als Notwendigkeit, nicht aber als Lust akzeptieren kann. Der Rassismus der deutschen Fernsehserie mag sich darin zeigen, daß sie, so politisch korrekt wie sie auf der Oberfläche sein mag, nie etwas anderes als das »Problem« einer mehrkulturellen Beziehung sehen und zeigen kann. Wenn eine deutsche Frau in einer deutschen Fernsehserie ein Pfund Tomaten bei einem türkischen Gemüsehändler kauft, dann ist das niemals ein Kaufentscheid für bessere Tomaten, sondern immer ein Zeichen für die eigene Toleranz und ein »Zeichen gegen Ausländerfeindlichkeit« – und in dieser Manie selber rassistisch.

In Wahrheit aber will jede deutsche Fernsehfamilie das Fremde von sich fernhalten. Die Serie liefert einen steten Fluß von Bildern und Rationalisierungen dazu. Es kann ungefähr so funktionieren, wie es im *Spiegel*-Gespräch mit dem Drehbuchautor Robert Stromberger zum Ausdruck kommt:

»*Spiegel*: Die Drombuschs verbreiten gern Botschaften. Zum Beispiel: Asylanten ja, aber es ist besser, wenn sie dahin zurückgehen, wo sie hergekommen sind.

Stromberger: Nein, um Himmels Willen, nein. Ich habe Verständnis dafür, wenn der Farbige in meinem

74

Drehbuch gern in Deutschland bleiben möchte. Aber er hat eine Ausbildung bekommen, damit er in sein armes Vaterland zurückkehrt, um denen zu helfen. Dort wird er wirklich gebraucht.«

Die Familie konstruiert ihr Deutsch-Sein in der Fernsehserie also aus einer »korrekten« Beziehung zum »Ausländer« und aus der Rekonstruktion der deutschen Mutter. Gaby Dohm wird in der »Schwarzwaldklinik« und beim Publikum erst wieder akzeptiert, wenn sie hundertprozentig in ihrer Mutterrolle aufgeht und ihre Ambitionen, die sie von der Idylle der Schwarzwaldklinik fortgeführt haben, aufgibt. Die Klasse darf andererseits so wenig verlassen werden wie ihre Hierarchie. Das endgültige Happy End der Serie ist gekommen, wenn der Sohn – nach Fehlversuchen mit der emanzipierten Frau – genau wie der Vater die abhängig Beschäftigte, die »Schwester«, heiratet, die, damit wir es auch bestimmt kapieren, im wirklichen Leben die Tochter des Hauptdarstellers Klaus Jürgen Wussow ist. Und jetzt kann die Hochzeit auch »ganz in weiß« geschehen, die Klasse hat ihre Unschuld wieder, die in der ständischen Abgrenzung und in der Aufrechterhaltung ihrer Geschlechterrollen besteht.

4. Die Feriengeschichten. Ferien, das war für den nationalsozialistischen Unterhaltungsfilm meist eine Gelegenheit, sich zu bewähren, zum Beispiel als Frau in den Bergen, oder dabei, soziales Gewissen zu entwickeln. Und es ist das Erlangen von »Kraft durch Freude«. Nirgendwo kommt die Analogie von Ferienreise und Feldzug so deutlich zum Ausdruck, wie in den Einsätzen der »Legion Condor« im Spanischen Bürgerkrieg, deren Mitglieder nicht nur neues technisches Kriegsmaterial am lebenden Objekt ausprobieren durften, sondern auch mit einer Fahrt auf den »Kraft durch Freude«-Schiffen belohnt wurden. In der Wirtschaftswunderzeit war der Ferienfilm eine Phantasie über das zeitweilige Entkommen des Wiederaufbaupuritanismus. Hinaus wollte in ihnen vor allem die Frau. Der deutsche Mann, der mür-

risch zuhause bleiben wollte, dem es am Ferienort unbe-
haglich war und der von seltsamen Ängsten und Verwicklungen geplagt wurde, kippt dann doch immer wieder in den Feldzügler um, wenn seine Frau, die er sozusagen vorgeschickt hat (oder die ihm entkommen wollte,
so wie einst der faschistische Mann seiner Frau zu entkommen trachtete), in erotische Gefahr gerät. Das erotische Spiel, das immer wieder mit der Restauration endet, ist in der Fernsehserie, selbst in so bizarren Formen
wie den TV-Werbeflächen für Touristik-Unternehmen
»Schöne Ferien«, »Das Traumschiff«, »Trauminsel« oder
»Hotel Paradies« (endlich die deutsche Mallorca-Serie),
dem gnadenlosen Export deutscher Kleinbürgerbefind-
lichkeit in die große weite Welt gewichen. Der faschistische Film konnte die Verlockung des Exotischen ganz
einfach ausschließen oder in Filmen wie »Quax in Afri-
ka« seinen Rassismus mit sexistischen Impulsen verbinden. Der Ferienfilm der Nachkriegszeit machte es zu
einem begehrten südlichen Gut, einer Situation des Aus-
tauschs. Die Ferienserie ab den späten siebziger Jahren
erzählt von der allfälligen Macht der Ignoranz. Es gibt
nichts mehr, was es auszuschließen lohnte, es gibt
nichts »anderes« mehr: Der deutsche Kleinbürger feiert
in den Ferienserien seine grenzenlose Fähigkeit zur
Ausbreitung. Und das Vergnügen der Serien überträgt
sich vor allem durch das Vergnügen der Schauspieler,
das Angenehme mit dem Angenehmen verbinden zu
können, selber Ferien machen und sich beim Schauspie-
len nur ja nicht verausgaben: Die Ufa-Tradition der
»nsel«. Ein System unendlicher Selbstähnlichkeit, das
von Sonne und einheimischen Getränken so besoffen ist,
daß der eigene Kolonialismus gerade einmal in den
»peinlichen« Nebenfiguren zur Kenntnis genommen
wird. Damit definiert sich indes noch einmal die »kalte«
kolonialistische Beziehung zur Fremde. Je bizarrer die
Welt, desto nachdrücklicher werden die Zeichen des
Deutsch-Seins ausgestellt.
   Auch gibt es Remakes und Sequels der klassischen
Ferien-Phantasien, wie 1992 »Neues vom Immenhof«,

aber mehr noch gibt es ein durchgehendes Gefühl, daß der topographische und kulturelle Ort nur aufgesucht wird, um als Kulisse für die Verschärfung eben jener Konflikte zu dienen, die auch in anderen Alltagsserien stattfinden. Sie werden in diesem Export glamourisiert und machen die »Einheimischen« zu einem auf neuerliche Weise kolonialisierten Wesen, das die Macht des Wirtschaftsstandortes Deutschland und die selbstmitleidige Ignoranz seiner Bewohner kennenzulernen hat. In einer Serie wie »Hotel Paradies« geht es darum, wer wen liebt und wer wann und warum einen Karriereschub oder einen Karriereknick erlebt und wie das miteinander zusammenhängt. Und Mallorca ist nicht nur semiotisch und kulturell, sondern auch ökonomisch in deutscher Hand, das titelgebende Hotel gehört natürlich dem deutschen Ehepaar Lindemann, der Besitzer des Konkurrenzunternehmens ist ebenso deutsch wie der Inhaber der Autoverleih- und Reparaturwerkstatt; Spanier sind dazu da, sich in deutschen Geschäftssinn zu verlieben. Aber es geht auch um die endlose Wiederkehr eines offensichtlich süchtig erwarteten Bildes: Der deutsche Herrenmensch, gerade mit der Regelung seiner Beziehungsprobleme und des Unternehmens beschäftigt, sagt mit der Miene selbstgenüßlicher Souveränität: »Manuel, lauf schnell zum Hafen!«, und der freundliche Ureinwohner von Mallorca nimmt eilfertig die Beine in die Hand, auf daß wir nicht vergessen, was das Deutsche in der Welt wert ist. Und es gibt buchstäblich keine irgendwie der bildhaften Erwähnung werte spanische Frau, die sich nicht danach sehnt, von einem deutschen Mann »erobert« zu werden. Und das zweite Schlüsselbild nach dem »Manuel, lauf schnell...« ist die Schadenfreude, wenn der deutsche Mann sich dann doch immer wieder gegen die Spanierin und für die echt deutsche Frau entscheidet. Wenn es etwas gibt, was den bonbonfarbenen Faschismus der deutschen Fernsehserie ganz selbstverständlich und stolz ausstellt, dann sind es die Ferienserien, die die Militanz der Ferienfilme der nachkriegsdeutschen Cinematographie schon wieder übertreffen: Hier war die Versuchung von südlicher Lebensart für den nordischen Menschen zumindest soweit nicht ohne Folgen geblieben, als man wenigstens im Umgang miteinander beschloß, ein wenig entspannter zu werden. Dort geht es um die aggressive Abwehr der exotischen Verführung, die völkische Umkehr des Sex-Tourismus. Vielleicht kommt er ja am Anfang ein wenig komisch daher, der deutsche Kleinbürger in Feindes- bzw. Touristenland, aber dann zeigt er doch immer wieder seine Macht.

5. Pfarrer und Lehrer. Das sind Gestalten, die im nationalsozialistischen Unterhaltungsfilm bemerkenswert schlecht wegkommen, wenn es sie überhaupt gibt. Sie stehen vor allem der Militarisierung im Weg, und auch wenn sie sich als deren Verkünder geben, so bleibt ihnen doch auf ewig ein Makel des ganz und gar Zivilen. Als Kraft dieser Zivilität stiegen sie denn auch im nachkriegsdeutschen Unterhaltungsfilm zu expliziten Helden auf, die gleichwohl stets Garanten der Kontinuität waren. Das Ideal war der aufgeschlossene, aber autoritätsheischende Lehrer wie Heinz Rühmann in »Der Pauker«, der aus der gesunden deutschen Provinz kommend die städtischen Halbstarken auf dem Gymnasium durch die Begeisterung für die Automobiltechnik wieder auf den rechten Pfad bringt, und »Der Pfarrer mit der Jazz-Trompete« alias Joachim Hansen, der den Rock'n'Roll zu klerikalisieren versteht. Die Funktion dieser Pädagogen war es, die Jugend und ihre »Sprachen« zu spalten, in den rettbaren Teil (der Teil am »alten Glück« haben durfte) und in den verlorenen, für den Rock'n'Roll und Vespa-Fahren wirkliche Dissidenz bedeuteten.

Ganz in dieser Tradition stehen die Lehrer und Pfarrer, schon durch die Darsteller oft in ihrer Verwandtschaft portraitiert, in der neueren Fernsehserie. Robert Atzorn etwa ist evangelischer Pfarrer in »Oh Gott, Herr Pfarrer«(1988) und »Unser Lehrer Doktor Specht«. Günther Strack katholischer Priester in »Mit Leib und Seele«, Thekla Carola Wied katholische Gemeindeschwester in »Wie gut, daß es Maria gibt«, Irene Clarin die junge Seelsorgerin in der spröden Serie »Pfarrerin Lenau«. In den katholischen Geistlichen und Schwestern sehen wir Vertreter einer älteren, ruhigeren Kultur, und in den evangelischen Pfarrerinnen und Pfarrern eher Vertreter des neuen, problembeladenen und bewußten Kleinbürgertums, das sich mit den Widersprüchen von Emanzipationsanspruch und Harmoniesehnsucht zu plagen hat.

Der Arzt wie der Pfarrer und der deutsche Kriminaler definieren eine Gemeinde, ein Revier, ein Viertel, und in »Wie gut, daß es Maria gibt« verliert selbst Berlin alles Urbane und wird zur Ansammlung deutscher Kleinstadtidyllen: Die Produktion eines neuen Biedermeier.

6. *Die Arbeitsfeld-Serie.* Arbeitsfelder sind zugleich Bewährungsfelder und wiederum vollständige topographische Abbildungen der deutschen Welt, in der es keine miteinander verfeindeten Klassen, sondern einander zuarbeitende, in ihren Grenzen wohlgeordnete Stände gibt, wie zum Beispiel in »Abenteuer Airport«, wo Hansjörg Felmy Probleme löst, an die sowieso niemand glaubt, bei der aber einige Folgen wie Remakes von Ufa-Filmen aussehen und in denen das perfekte Bündnis von Hand und Hirn wiederholt wird. Felmy gibt den Lederjacken-Typ, den Techniker vom Dienst, Edzard Haußmann den stellvertretenden Flughafenchef im Schlips und mit Manager-Manieren. Beide zusammen bilden das Bollwerk gegen Terroristen, Schmuggler und arabische Mädchenhändler, die aus Deutschland »junges, festes Fleisch« nach Kairo verschieben wollen. Der Flughafen Düsseldorf sah diese Serie als beste mögliche Werbung, obwohl das meiste »meilenweit von der Realität« entfernt war: Die Produktion von Deutschheit ist hier identisch mit der Produktion von »Sicherheit«.

Das beliebteste Arbeitsfeld freilich ist, wie im Ufa-Film und wie in der Nachkriegskomödie, das Wirtshaus. Es ist zugleich jene einzig mögliche Schnittstelle zwischen dem Privaten und dem Öffentlichen, die es für das deutsche Leben geben kann (das »die Straße« verachtet und einen Disput auf der Piazza nicht akzeptieren kann, weil »die Straße« immer dem Pöbel, der Masse, dem Gesindel gehört), und es ist das Bild der Nation als Haus. Das Wirtshaus oder Hotel ist insofern das ideale Bild für den nationalen Diskurs, als die »Gäste« genau taxiert werden können. Es gibt die Willkommenen und die nicht so Willkommenen, und es gibt welche, die man hinauswirft oder gar nicht erst aufnimmt. So wie der Wien-Film im Dienste der Ufa seine Anschlußphantasie in dem Zusammenlegen von Café-Häusern spiegelt, der Nachkriegsfilm seine Modernisierungsparabeln in den Umbau von Hotels zelebrierte, so spiegelt sich die deutsch-deutsche Vereinigung zum Beispiel im Gasthof »Elbflorenz« der gleichnamigen Serie, in der Ossis und Wessis lernen, in einem Haus zu leben und gemeinsame Geschäfte gegen gemeinsame Feinde zu machen. (Übrigens produzierten auch hier der medial verbreitete Drehbericht und die üblichen Schauspielerinterviews die Ideologie beinahe noch perfekter als die Filme selber. »Ob Ost oder West, das spielt keine Rolle«, läßt sich der ehemalige DDR-Schauspieler Günter Schubert da vernehmen, »eine Regieanweisung ist eine Regieanweisung«. Genauer ist Wesen und Geschichte der deutschen Vereinigung kaum zu beschreiben.)

7. *Die Komödienserie.* Kontinuität zeigt sich nicht zuletzt in der Tradition der Komik. »Ein amerikanischer Filmkomiker«, schreibt Karsten Witte, »ist oft ein Spinner, der seine Komik aus konsequenter Haltung gegen die Konvention gewinnt. Ein deutscher Komiker ist, wenigstens in der hier verhandelten Zeit, oft ein Spinner, der seine Komik in der konsequenten Preisgabe seines Spinnertums gegen die Konvention gewinnt. Er geht, wird ihm eine sinnvolle Aufgabe zuteil, der Konvention nicht verloren.« Die Comedy-Serien des deutschen Fernsehens, wo sie nicht ganz einfach amerikanische Vorbilder kopieren (und unter der Hand selbst da noch), setzen der Dissidenz enge Grenzen. Sie lieben es, nicht den Zerstörer in den sozialen Maschinen zu zeigen,

sondern den aggressiven Ignoranten à la Dieter Haller-vorden, einen Menschen, der alle Klischees vom häßli-chen, dummen und anmaßenden Deutschen erfüllt und damit durchkommt. Er ist nicht der Gegner der Main-stream-Kultur, sondern ihr Über-Erfüller, nicht ihr Narr, sondern ihr Maskottchen.

8. Die Dynastien. Neben die traditionelle deutsche Fa-milienserie, die eine Kleinbürgerfamilie im Aufstiegs- und Abstiegskampf zeigt, trat, nicht zuletzt vom Erfolg der amerikanischen Serien »Dallas« und »Denver« beflü-gelt, in den achtziger Jahren die dynastische Familien-serie, die ein ökonomisches und territoriales »Herrscher-haus« abbildet. Der Diskurs der »Identität« ist nun in dem der Macht gespiegelt. Da ist es kein Wunder, daß es auch in den Serien um genau das geht, was Karsten Witte so zentral für den nationalsozialistischen Unter-haltungsfilm gesehen hat, nämlich um das Erbe. Die Unternehmungen der Familien sind immer idealisiert gegen die mäandernden, dubiosen Kapitalisten wie den Millionär namens Balinger, der ausgerechnet den Spitz-namen »KGB« hat und der in einer Folge von »Hage-dorns Tochter« (»Faule Nüsse«, 1993) die »alteingesesse-ne Gewürzfirma« ruinieren und die Lager in Wohnun-gen umwandeln will. Der Kapitalismus in den deutschen TV-Serien zeigt sich als einer mit menschlichem und persönlichem Gesicht, mit Wurzeln im »alten Glück«, das Familienunternehmen und die Territorialiät herr-schen auch hier. Sie setzen den Verwandlungsprozeß fort, den der Nachkriegsunterhaltungsfilm mit dem faschistischen Bild des Gründers und Herrschers ge-macht hat: die Familialisierung der ökonomischen Macht, die dem kleinbürgerlichen Opfer dieses Kapitals in dieser Form vollkommen einleuchtet: Nicht um Aus-beutung und Marktstrategien geht es, sondern um den heimlichen Kampf zwischen Mann und Frau, um den Kampf zwischen den Generationen und unter den Kin-dern. Die klassische Verdrängungsallianz, die der deut-sche Heimatfilm so gekonnt inszenierte, die zwischen

Großeltern und Enkelkindern um die »erwachsene« Generation, funktioniert auch hier vortrefflich. Bei einer Folge von »Teufels Großmutter« geht das sogar so weit, daß man die Großmutter und Leiterin des Familienunternehmens (einer Werft) daran hindern will, sich ins Privatleben zurückzuziehen, weil man fürchtet, das könne negative Auswirkungen auf das Familienleben haben. Wenn man wissen möchte, warum das Propaganda-Konstrukt vom »Wirtschaftsstandort Deutschland« so gut funktioniert, dann muß man die Unternehmer- und Winzerserien des deutschen Fernsehens befragen.

Der Kapitalismus in den deutschen Fernsehserien sieht genau so aus wie der Kapitalismus in den Ufa-Filmen ausgesehen hat. Es gibt ihn in seiner »guten« Form, da ist er traditionalistisch, regional verankert, völkisch, familiär und hierarchisch (mit einem Wort: deutsch), und es gibt ihn in einer »bösen« Form, modernistisch, ortlos wuchernd, gestaltlos und unstrukturiert (mit einem Wort: nicht-deutsch). Und ganz im Sinne der rechten Populismen ist der Kapitalismus in den Serien genauso wie in den Ufa-Filmen gut, wenn er sich dem Mittelstand öffnet, und schlecht, wenn er das tut, was das soziale Projekt der neunziger zu sein scheint, nämlich das Kleinbürgertum selber überflüssig zu machen. »Diese Drombuschs«, unsere leidende Kleinbürgerfamilie par excellence, müssen sich gegen den bösen Bierbrauer zur Wehr setzen, und die deutsche Familie, die von Ärzten, Förstern und Bergwachtlern, hat immer eine anonyme, unverstandene Kraft gegen sich, die ihre Territorialität in Frage stellt. Der böse Kapitalismus nämlich weicht mit der ständischen Organisation der deutschen Welt auch seine klaren Grenzen auf. Er frißt »Zuhauseplätze«, statt sie zu schaffen.

Einer besonderen mythischen Bearbeitung sieht sich dabei die stets eher ambivalent gezeichnete Figur der selbständigen Frau als Managerin und Unternehmerin ausgesetzt. Es ist nur eine Frage der Zeit, bis sie durch den richtigen Mann, wie Christiane Hörbiger aus »Das Erbe der Guldenburgs«, (mehr oder weniger freundlich) so in die Schranken gewiesen wird wie einst die Geier-wally durch den Bären-Josef. Ganz signifikant stieg in den achtziger Jahren und in direkter Gegenbewegung zu den Unglücks- und Betrugsserien wie »Dallas« die Zahl der »guten« Beziehungen in den deutschen Serien an. Und so wie der »Forstinspektor Buchholz« die schurki-sche Intrigantin abwehrt, um die Tochter eines Falkners (!) zu heiraten, so finden sich in beinahe allen Serien die richtigen Protagonisten des »alten Glücks«, und vor allem werden signifikant mehr scheinbar schon zerbro-chene Ehen wieder repariert (wie die zwischen dem Fluglehrer und seiner Ex-Frau in der letzten Staffel der »Schwarzwaldklinik« oder das Paar in der letzten »Landarzt«-Folge, das sogar vom selben Pfarrer noch einmal getraut wird).

Tradition haben auch die anti-intellektuellen und die anti-künstlerischen Impulse. Künstler sind in deutschen Krimiserien geborene Mörder, zumindest »Pornogra-phen« oder anders »dekadent«. Wenn »Derrick« in einer Grunewalder Villa nach der anderen unter den Reichen Inzest, Haß, Betrug und Mord aufdeckt, so ist zumindest am Rande immer ein kränklicher Intellektueller betei-ligt. Und das schlimmste, was einer deutschen Familie in ihrer Serie passieren kann, ist, einen Künstler oder Intellektuellen aufnehmen zu müssen.

9. Die Kriminalserie. Die deutsche Kriminalserie ist auf den ersten Blick und in aller Regel politisch ausgespro-chen korrekt, ja, man könnte sie mit etwas gutem Willen als ein Medium von gesellschaftlicher Aufklärung und Toleranz-Appell sehen, in dem auch Platz für Kritik an der »kalten« Gesellschaft, gar an der Macht des Kapitals unterzubringen wäre. Bei genauerem Blick erweisen sich indes eine Reihe von Konstanten:
• die Konstruktion der Autorität des deutschen Beam-ten,
• die antisexuellen Kampagnen, verborgen in einem ständigen, halb faszinierten, halb angeekelten Diskurs über bestimmte sexuelle Milieus (der »Rotlicht«-Bezirk,

die »Schwulen-Bars«, etc.). Die Hysterisierung der Sexualität wird, neben den endlosen Talkshows, vor allem von der deutschen Kriminalserie geleistet, die, weil die direkte Diffamierung sexueller Minderheiten tabu ist, den Trick anwendet, beinahe überall sexuelle Korruption, Gewalt und Verbrechen zu wittern. Generell wird Sexualität zu einem der Bereiche, die dem fernsehenden Kleinbürger als chaotisierende Impulse überaus suspekt sind, gegen die selbst nur die Methode von Denunziation und ordnender Gewalt hilft. Schwule und Lesbierinnen sind in den Krimis nicht unbedingt als Feinde identifiziert, sie werden im Gegenteil in Akten scheinheiligen Mitleids »aufgenommen«, sie erscheinen aber vor allem als Magneten für Unheil und Verbrechen;

• der Triumph der Person über das Recht. Auch in deutschen Polizeiserien wird man daran gewöhnt, für die »gerechte« Sache Gesetzesverstöße, das Außerkraftsetzen von Grundrechten und ein durchaus rechtswidriges Vorgehen der polizeilichen Helden in Kauf zu nehmen. Insbesondere in den achtziger Jahren lösten die eher schmutzigen Bullen wie Schimanski (der schon einmal einen Bösewicht mit Schlaftabletten im Alkohol beiseite schafft) die biederen Kommissare ab, aber schon im Jahr 1977 ging »Der Alte« dazu über, Tonbänder für Verhörmethoden zu fälschen, mit Gewalt zu drohen und Zeugen (etwa mit »schmutzigen« Fotos) zu erpressen. Damals gab es immerhin noch Protest, sowohl durch die Medienkritik als auch durch den »Bund Deutscher Kriminalbeamter«, und der Österreichische Rundfunk weigerte sich, eine besonders umstrittene Folge zu senden. Zuschauer protestierten sogar gegen die »Erinnerungen an Gestapo-Methoden«. Heute scheinen solche Vorbilder eher nützlich. Nur wenig Kritik wurde laut, als sich in einer »Derrick«-Folge der geistig Behinderte als Mörder erwies, und gar keine Kritik gab es für Reineckers Definition des Wahnsinns als »überstarkes Wahrnehmungsvermögen«. Kettenschluß: Wer zuviel wahrnimmt ist verrückt, und wer verrückt ist, ist ein Mörder, und wer ein Mörder ist, muß eliminiert werden.

84

Ganz bei sich und beim »alten Glück« ist die Kriminalserie endlich mit Serien wie »Kommissar Rex«, wo ein
Wiener Polizist mit einem deutschen Schäferhund in
einer Welt unterwegs ist, die das alte Österreich und
den Wienfilm (nebst seinen »Anschlußfilmen«) unentwegt herbeizitiert. Dieser Polizeihund übertrumpft nicht
nur die gute alte Lassie an mitfühlendem (wenn Herr-
chen schläft wird das Licht ausgeknipst), sondern auch
an strategischem Denken (Bösewichten läuft man nicht
einfach hinterher, sondern schneidet ihnen gekonnt den
Weg ab), er hat auch eine Treue, daß es eine Art hat,
und hält seinem Herrn überdies in der Regel die lästigen
Weiber vom Hals.

»Aktenzeichen XY« flankiert nach wie vor diese Rekonstruktion der fünfziger Jahre in den Serien. 1986
schrieb Eckhard Henscheid über die Zimmermannsche
Verbrecherjagd und seine Serie »Vorsicht Falle! Die
Kriminalpolizei warnt: Nepper, Schlepper, Bauernfän-
ger« in der *taz*: »Obschon beide Zimmermann-Klamotten
wohl erst in den 60er Jahren debütierten, haben wir den
noch heute lupenreinen Geist und Klang der 50er Jahre.
Ordnung, Sauberkeit und eine Prise Humor, selbdritt in
der immerwährenden bauernfängerischen Funktion: der
weiteren Schürung der ohnehin nimmermüd flackern-
den Kleinbürgerängste und Angstbedürfnisse.«

Die Welt in deutschen Augen

Aber die Kontinuitäten liegen möglicherweise noch sehr
viel tiefer. Dazu nur ein paar Modelle:

1. Die Modernisierungsfabel. Wesentlich für den nationalsozialistischen Unterhaltungsfilm ist die Parabel
eines Modernisierungsprozesses. Da wird ein Theater,
eine Kaffeestube, ein Kaminkehrerbetrieb etc. rührend
altmodisch durch das »junge Blut« erneuert und einem
größeren Gedanken unterworfen. Gerade in den öster-
reichischen Filmen dieser Zeit spielt der Gedanke von

Zusammenschluß dabei eine Schlüsselrolle. Ein Kaffee-
haus, das geteilt wird und sich wieder zusammenschlie-
ßen läßt, ist eine so probate wie unverdächtige Parabel
auf den Anschluß Österreichs an Deutschland. Die selbe
Geschichte wird in der Nachkriegszeit unter dem Motiv
des marktwirtschaftlichen Umbaus erzählt. Man modernisiert nun die Bauernhöfe zu Ferienhotels und in den
siebziger Jahren die Dorfwirtschaft zur Diskothek. In
den entsprechenden Fernsehserien, von »Forsthaus Falkenau« bis »Ein Schloß am Wörthersee«, scheint zunächst die Modernisierung abgeschlossen, ja, es scheint
sogar vorwiegend darum zu gehen, die »übertriebene«
Modernisierung rückgängig zu machen, die Idyllen zu
rekonstruieren, die man im letzten Jahrzehnt verloren
hatte. Aber darunter vollzieht sich ein weiterer Prozeß
der Modernisierung, hin zu einer ökologischen und medialen »neuen Weltordnung«. Die Umbauten produzieren nun vor allem eine Art Medialisierung. Die Kinder
der »alten Bauern« wollen nun nicht mehr, wie noch
zwei Jahrzehnte zuvor, eine Autowerkstatt im Dorf
errichten (wohl wissend, auf welche ökonomischen Ge-
fahren sie sich dabei einlassen würden), sondern sie
wollen Ski-Stars werden und ziehen als erstes die Fern-
sehkameras ins Dorf. Und schließlich hat die deutsche
Serie mit Ost und West ihr eigenes Anschluß-Syndrom,
das »gemeinsame« Haus, das immer wieder spannungs-
voll im Mittelpunkt steht wie in »Unter einem Dach«.
   So hat die deutsche Fernsehserie zwei imaginäre Be-
zugspunkte in der Geschichte, das ständische Deutschland der dreißiger Jahre und das optimistisch bunte
Deutschland der fünfziger Jahre. Das Anknüpfen der
Serien an die fünfziger Jahre ist, wie bei dem Boom der
volkstümlichen Musik, der ein wenig nach dem Erfolg
der »neuen« deutschen Fernsehreihen einsetzte, nicht
bloß Bedienen einer wachsenden Publikumspräferenz,
sondern auch von der Produktionsseite geplant und verstärkt. Jeder Schauspieler, von Christian Wolff über
Christian Quadflieg (»Der Landarzt«) zu Michael Ande,
mußte im obligaten Produktionsinterview auf die Filme

der fünfziger hinweisen, in denen sich die meisten Produzenten und Autoren immer noch aufhalten. Was der Kritik möglicherweise sauer aufstößt, ist das Prinzip dieser Produktion, daß ein Produkt dem anderen wie ein Ei dem anderen, wie ein Ufa-Film dem anderen gleicht. Daß die Hubys, Lichtenfelds und Reineckers tatsächlich immer wieder die gleichen Geschichten ausstoßen, wiegt kaum schwerer als der Umstand, daß die immergleichen und in den Niederungen des deutschen Kinos der 60er und 70er Jahre erfahrenen Regisseure wie Franz Josef Gottlieb die immergleichen Kamerafahrten, Schnitte/ Gegenschnitte und literarisch-assoziativen Schnitte – eine Spezialität des UfaFilms (»Wie war denn das noch mit dem Koffer?« sagt einer. Schnitt. Nahaufnahme: Ein Koffer!) abliefern. Es gilt das gesprochene Wort, dem eigenen Blick ist nicht zu trauen, die deutsche Fernsehserie zeigt nur das, was von vornherein von Bedeutung ist. An was erinnert uns das?

Nun liegt die Kontinuität der ästhetischen Produktion in der deutschen Unterhaltungsindustrie keineswegs allein darin, daß stets anhand scheinbar ewiggültiger Figuren und Ambientes (der Arzt, der die immer gleiche Autorität ausstrahlt über alle Jahrhunderte hinweg; die alpenländische »Heimat«) die beständigen gesellschaftlichen Umbauten erklärt werden – eine Konstruktion, die in sich durchaus bereits »nationalistisch« ist und die es in dieser Art in anderen Sinn-Industrien nicht gibt. Vielmehr geht es dabei auch um das Verhältnis zwischen den Teilbereichen des Kontinuierlichen (der Zeichen-Repertoirs der jeweiligen Genres, die im übrigen und nicht zuletzt, das »Deutsch-Sein« des Ereignisses bezeichnen), der Modernisierung (den Fabeln, die erklären, warum Anpassung zum Fortschritt führt und umgekehrt) und des Bewußtseins. Der Held der traditionalistischen deutschen Fernsehserie versteht die Kunst, zugleich das zu sein, was die CDU »wertkonservativ« und unsereins erzreaktionär nennt, und sich keinem technischen und ökonomischen Fortschritt in den Weg zu stellen. (Der Versuch von »Peter Strohm«, in einem internationalen Sinn reaktionär zu sein, endet denn auch in unfreiwilliger Komik.)

2. *Die Organisation der Gesellschaft im faschistischen Unterhaltungsfilm* ist natürlich keine demokratische, sondern eine ständische. Auch wenn von »Politik« und »Geschichte« vollkommen abgesehen wird, ist in allen Familienbildern, bei genauerem Hinsehen und Hinhören sogar in den Tänzen und Liedern, die ständische Organisation der Gesellschaft präsent: Glücklich ist, wer ganz in seinem Stand aufgeht (und als Vertreter seines Standes ist er dann mythisch in der »Volksgemeinschaft« als gleichwertiger repräsentiert). In der dazugehörigen Zeichenwelt verhält man sich nur anders. Der Förster in »Forsthaus Buchholz« läuft gewöhnlich im Anorak durch den Forst, verwandelt sich aber pflichtschuldigst bei einer Prominenten- und Aristokratenjagd in das geforderte Bild mit Gamsbart-Hut und Lodenjacke.

Daß es in diesen Filmen immer Figuren gibt, die die Grenzen der Stände sozusagen berufsbedingt überschreiten, weist zum einen auf die Definitionsmacht dieser Bewegung, zum anderen auf die Militarisierung der Gesellschaft hin. Der Jäger ist eben nicht, wie gelegentlich behauptet, so etwas wie der Sheriff, der Vertreter der guten Dorfgemeinschaft gegen die Outlaws (die Wilderer), er ist vielmehr einer, der die Grenzen der Stände überwacht, die Jagdprivilegien der Herrschaften und die Holzrechte der Bauern. Daran hat sich auch im »Forsthaus Falkenau« nichts geändert. Insbesondere in den Heimatserien ist diese ständische Organisation der Gesellschaft gar heimliches Hauptthema, das gesellschaftliche Oben und Unten wird ganz topographisch wiedergegeben, vom Adel bis zum »Gesindel«.

3. *Die Beziehung der Geschlechter.* Für den nationalsozialistischen Unterhaltungsfilm spielte nicht zuletzt die Umformung der Frauenrolle eine bedeutende Rolle. Die Verwandlung der Frau in die Mutter war dabei nur

eines der Ziele, ein anderes Ziel war es, den Rahmen der weiblichen Bewegung neu zu definieren. Es ist daher wohl kein Wunder, daß es im faschistischen Film so viele Frauen gibt, die sich in Männerkleider begeben oder sich wie die »Geierwally« männliche Verhaltensweisen aneignen. Diese Bewegung einer steckengebliebenen Emanzipation entsprach den Erfahrungen und führte stets dazu, die angestammten Rollen wieder einzunehmen. Auch der deutsche Unterhaltungsfilm der Nachkriegszeit spricht unter geänderten Vorzeichen von einer Modernisierung der Frauenrolle und ihren Grenzen. Marianne Koch als »Landärztin« (1958) mußte den Dorfbewohnern erst einmal zeigen, daß auch eine Frau diese Funktion einnehmen kann, um sich dann am Ende doch den Ratschlägen des »erfahrenen« Rudolf Prack zu beugen und die »richtige« Frauenrolle einzunehmen.

In der TV-Produktion der dritten Generation ist dies nicht weniger Thema: Die Frauen müssen sich in allen nur erdenklichen Berufen bewähren, sie werden Streifenpolizistinnen (»Großstadtrevier«) oder Kommissarinnen, Pfarrerinnen, Journalistinnen, Richterinnen usw. und müssen zugleich immer wieder beweisen, daß sie dabei auch »Frauen« bleiben. Aus dem Auftrag der Mütterlichkeit ist ein allgemeinerer der Humanisierung getreten. Polizistinnen zeigen, daß sie genau so gut schießen können wie ihre männlichen Kollegen und daß sie es nicht so oft und schon gar nicht so gern tun wie diese. Sie vermütterlichen die Institution und lancieren nebenbei eine Mode, nach der mittlerweile auch die Hälfte der »echten« Polizistinnen mit gezopftem Blondhaar erscheinen wie schwerbewaffnete BDM-Mädels.

Die wahre Beziehung zwischen den Geschlechtern scheint sich in der zwischen dem Arzt und der Schwester zu zeigen, und sie definiert nicht zuletzt die Machtverhältnisse im Reich der Sinne: »Dr. Stefan Frank« (RTL) hat eine hübsche Sprechstundenhilfe, der die männlichen Patienten gern einmal auf den Hintern gucken, was der Gynäkologe und Chirurg nicht etwa den Patienten, sondern ihr ankreidet. Sie solle sich doch so kleiden, daß die Patienten nicht »abgelenkt« werden. Schnellkursus in Viktimologie vom »Arzt, dem die Frauen vertrauen«, dessen Vater ihm die Praxis übergeben und sich selbst eine junge Freundin zugelegt hat, die der Sohn als »zu mollig« empfindet: »Wieso, da hat man was zum Anfassen!« Die alten Verhältnisse sind ohne Scham wiederhergestellt, der Arzt, »dem die Frauen vertrauen«, ist ein chauvinistisches Arschloch, der sich mit einem faschistischen Vater prächtig versteht. Die böse Frau ist »Keksfabrikantin« (eine deutsche Frau soll ihre Kekse gefälligst allein für die deutsche Familie backen), die aus lauter Karrierismus ihren Sohn vernachlässigt, der entsprechend von Dr. Frank wie von Sauerbruch gerettet werden muß: Die Ordnung der Welt ist in diesen Arzt gespiegelt.

Aber auch dieser Aspekt erhält seine eigentliche Bedeutung erst eine mythische Ebene tiefer. Der weibliche Held ist in der populären Mythologie in der Regel eher territorial, der männliche eher temporal definiert. Sieht man die deutschen TV-Serien mit weiblichen Helden oder mit »gemischten« Gruppen daraufhin genauer an, so ergibt sich eine ausgesprochen vielsagende Differenz der Bewegungsradien. Die Frau, die sich als Heldin auch in der physischen Aktion bewähren darf, muß zugleich immer wieder auch ein territoriales Zentrum besetzen. Noch die »emanzipierteste« unter ihnen wirkt in ihrer mythischen Topographie als »deutsche Mutter«.

So entsteht aus vielen Facetten in den deutschen Serien die ewige Mutter als moralische Institution. Witta Pohl, verhärmte und tapfere Kümmer-Mutter in »Diese Drombuschs«, wird in einer Personality Story in der *Zeit* so vorgestellt: An der Eingangstür ihres »Hamburger Eigenheimes« ist das Schild »Rauchen verboten« angebracht. Sie ist Vegetarierin und hat sich mit einem Arzt zusammengetan, um eine Broschüre für AIDS-Kranke zusammenzustellen, in der steht, wie sie durch die richtige Ernährung (»Zucker streichen, fleischlos leben«) ihr Leben »zumindest verlängern« können. Die deutsche Mutter kümmert sich außerdem um die armen Familien

90

der Welt: »Ich habe eine Familie in Polen, die haben mir gerade ein Päckchen geschickt, und eine Frau in Rumänien. Dann habe ich noch ein Patenkind in Uganda und eines auf Sri Lanka.« Außerdem ist Witta Pohl »selbstverständlich« Mitglied im Deutschen Tierschutz-Bund. Natürlich ist sie auch in der Welt der Formen zuhause, sie besucht Vorlesungen zur »Physiognomie«, um Fragen zu beantworten wie: »Was sagt mir die Kopfform, die Nase, der Mund, die fliehende Stirn?« Ja, was mag ihr das sagen? Es sind Gesamtkunstwerke des Deutsch-Seins, die die deutschen Fernsehserien und ihr printmediales Umfeld verbreiten.

4. Der Raum und die Zeit. Es geht vor allem um die Besetzung des Raumes. Der faschistische Unterhaltungsfilm warnt vor allem, was nicht an seinem Ort ist, selbst, wer eine größere Reise hinter sich hat, ist in der Regel schon stigmatisiert, und der Nicht-Seßhafte kann nur der Unruhestifter sein (der außerhalb der Leinwand deshalb auch vernichtet werden muß). Das ist im Heimatfilm der Nachkriegszeit nicht anders. Unstetes Umherwandern macht eine Figur beinahe automatisch zum Feind. Unvorstellbar, einen Drifter zum Helden zu machen, wie es der amerikanische Film tut. Und in den Aufbruchsphantasien der Wirtschaftswunderzeit, in den Ferienfilmen zum Beispiel, geht es vor allem darum, die neuen Bewegungen zu kontrollieren und zu begrenzen. Man achte nur einmal darauf, wie wichtig es in diesen Filmen ist, daß einer den anderen beobachtet, damit der seinen Freiheitsdrang nur ja nicht übertreibt, wie oft dieser Bewegung ein vorschnelles und eben doch »gutes« Ende gemacht wird, und wie wichtig es den Personen ist, die zeitliche Begrenzung ihrer kleinen Fluchten in die damaligen Ferienparadiese zu betonen.

Ganz entschieden ist auch in den deutschen TV-Serien der territoriale Aspekt überrepräsentiert. So wie es dem Kriminalpolizisten vor allem beständig darum zu gehen scheint, sein »Revier« zu definieren, so besetzen Familien-Dynastien ihre mehr oder minder magischen Orte, wie die Winzerberge von »Moselbrück« meinethalben. Und wieder erscheint hier nicht nur die Spannung zwischen den Raumbesitzern und den nomadischen Figuren erheblich, sondern auch die topographische Mythologie: Oben ist gut und unten ist schlecht. Oben herrscht Ordnung und unten das Chaos. Die Struktur der Serie bestimmt in der Mehrzahl der Beispiele die Verteidigung der Ordnung oben gegen das Chaos von unten.

Für den nationalsozialistischen Unterhaltungsfilm war das Land die Quelle der Volksgemeinschaft, die Stadt dagegen Ort der Sünde (der bolschewistisch-jüdischen Verschwörungen und der entarteten Künste sowieso). Der Unterhaltungsfilm der Nachkriegszeit wiederholte dies unter anderen Voraussetzungen. Das mythische Drängen aufs Land und in die Provinz entsprach einem Mythos der Entschuldungsideologie: Hier auf den Bergen, in der Heide, im Schwarzwald übertrug sich dem Menschen etwas von der »Unschuld« der Natur (die gleichwohl durch und durch »deutsch« zu sein hatte), übertrug sich der Diskurs der Nation in den der Heimat. Hier war man, als wäre man nie woanders gewesen, als habe man auf dem Bankerl auf der Alm gesessen, während ein fremder Krieg war. Die deutsche Fernsehserie wiederholt diesen Widerspruch noch eher verschärft: Das Ländliche ist gut, das Städtische schlecht. Nur der Grad der Bearbeitung hat zugenommen.

Seit den achtziger Jahren also kippt die Modernisierungsphantasie um. Ganz panisch waren die Helden des deutschen Unterhaltungsfilm in den sechziger und siebziger Jahren damit beschäftigt, ihren provinziellen Lebensraum zugleich auszudehnen und zu modernisieren. Und immer wieder war die neue Straße (als Bild der »Anbindung« an die Welt) und das modernisierte Wirtshaus (als allgemein gültiges Bild des »deutschen« öffentlichen Raumes) die zentrale Metapher. In den achtziger Jahren werden im Fernsehen genau dieselben Metaphern wiederverwendet, doch diesmal in entgegengesetzter Richtung, als Bilder dessen, was es zu verhindern und was es zu verteidigen gilt. In der hessischen

ZDF-Komödie »Die Sache ist gelaufen« (1985) verteidigt sich die Dorfjugend dagegen, daß die Straße verbreitert und das Dorfgasthaus, ihr Treffpunkt, abgerissen wird. Und nun sind es gerade die Alten, die sich zu Agenten der Modernisierung machen lassen, und die Jungen, die nostalgisch das Traditionelle zu bewahren suchen. Das läßt sich lesen als freundlicher ökologischer Appell, das Maß der Erneuerung und den natürlichen und kulturellen Verlust zu denken. Es funktioniert freilich auf einer anderen mythischen Ebene auch als Bild der »nationalen« Situation. Nicht nur der konkrete Lebensraum, auch die Räumlichkeit selber ist in Gefahr – jene besondere Form von Räumlichkeit, die wir als Konstante der deutschen Unterhaltungsfilme seit dem Faschismus kennengelernt haben als eine Räumlichkeit, in der sich die Zeichen der (deutschen) Bewahrung mit solchen der Modernisierung treffen können. Unnachahmlich ist diese deutsche Räumlichkeit schließlich in den Bühnen der volkstümlichen Unterhaltung symbolisiert – das Traumdeutschland aus nichts anderem als Zeichen und Worten des Zusammengehörens und des Ausschließens.

Der Widerspruch zwischen Stadt und Land vollzieht sich in den TV-Serien der dritten Generation noch immer nach dem selben Schema wie im Ufa-Film. Je weiter man sich aufs Land begibt, desto schöner und ordentlicher wird die Welt (man könnte auch sagen, desto deutscher wird sie). Je tiefer man sich in die Stadt begibt, desto schlechter und unübersichtlicher wird die Welt. Das endlose Leiden der »Lindenstraße«-Bewohner wäre, natürlich wider alle soziale Erfahrung, auf dem Land nicht möglich. Auch spart die Fernsehserie ganz offensichtlich genau jene Lebensform aus, die mittlerweile die Lebensbedingungen einer Mehrheit der Menschen in unserer Gesellschaft bestimmen, das Leben in Suburbia, in den wuchernden Wohnsiedlungen, die weder Stadt noch Land sind (und aus denen, nebenbei, der amerikanische Film ganz direkt eine Viehlzahl seiner Mittelstandshorrorfilme und Komödien entwickelt). Der Gegensatz zwischen Stadt und Land wird stattdessen offensichtlich als ästhetischer und mythischer aufrechterhalten, weil er sich so sehr als Metapher auf eine ständisch organisierte Gesellschaft eignet.

Das heißt nicht, wie eine oberflächliche Betrachtungsweise ergeben könnte, daß nur noch eine heuristische Behandlung der aktuellen Probleme stattfindet (alles, was in der gesellschaftlichen Wirklichkeit vorkommt, kommt auch in der »Lindenstraße« vor) oder die Bewältigung von Scheinproblemen an die Stelle der »wirklichen« Probleme getreten sei. Die Entwirklichung selber ist ja das neueste Modernisierungsprojekt dieser Gesellschaft. So sind die bearbeiteten Konflikte eher kategorialer Art: Die Verteidigung einer (deutschen) Ordnung gegen ein allfälliges Chaos, das auf der Zeitachse in den Raum zu brechen droht.

Noch tiefer liegend handelt die deutsche Serie fundamental von einem von außen bedrohten Innenraum. Die Grenzen zwischen dem Lebensraum Wohnung und dem Lebensraum Nachbarschaft in einer amerikanischen Serie sind durchaus fließend. Ein Gespräch zum Beispiel kann innen, außen und im Dazwischen auf die selbe Art und in fließendem Übergang stattfinden. In den deutschen Serien, auch das eine der Kontinuitäten der bildhaften Erzählung im nationalen Kontext, spielt das Öffnen und Schließen der Haustüren und die Veränderung der Kommunikation zwischen innen und außen in der Regel eine bedeutende Rolle. Die böse Gestalt in der »Lindenstraße«, Else Kling, ist eine Art Dämon ständiger Bedrohung der Grenzen zwischen Intimität und Öffentlichkeit, eine Hexe, die es darauf abgesehen hat, den Bereich der Türschwelle zu besetzen. Dieses Innen ist in beständiger Gefahr. Die Kleinfamilie muß sich gegen das Eindringen von Außenstehenden, aber auch gegen die unerwünschte Erweiterung der Familie zur Wehr setzen und sei es, wie in der Folge »Die Machtprobe« von »Diese Drombuschs«, um das Eindringen einer herrschsüchtigen Oma in die Wohnung und vor allem in die Küche der Heldin zu verhindern.

Was sich aus der Beobachtung solcher Kontinuität

herauslesen ließe, wäre zunächst so etwas wie eine »Mentalität«. Eine italienische, französische oder amerikanische Serie geht mit den Komponenten eben anders um als eine deutsche, und auch dort gibt es Konstanten, die sich aus dem wirklichen Leben in einer Gesellschaft ergeben mögen. Aber das Geflecht zwischen den Zeichen-Ebenen Natur (oder Nicht-Natur) und Gesellschaft (oder Nicht-Gesellschaft) produziert eine mythische Struktur, die offenkundig nicht allein der Selbst-Identifikation, sondern auch der Definition von nationalen Prinzipien, Ansprüchen und nicht zuletzt Feindbildern dient. Es gibt natürlich nicht die geringsten Anzeichen eines manifesten Faschismus in diesen Serien, wohl aber ist die Struktur der Wahrnehmung auf eine im Medium spezifische Weise durchaus »völkisch«, »national« und »ständisch«. Geändert hat sich überdies nichts am primär autoritären Charakter des deutschen Serienhelden und seiner offensichtlich grenzenlosen Sucht, die Seinen zu »erziehen« und zurechtzuweisen.

Die deutsche Fernsehserie definiert, wie der faschistische Unterhaltungsfilm, wie der Genrefilm der Nachkriegszeit, ein Innen der Kleinbürgerklasse, das es eigentlich nicht gibt, sie definiert eine Klasse, die sich nur in ihren Aufstiegsträumen und ihren Abstiegsängsten, aber um keinen Preis in der Welt, in ihrer politischen und gesellschaftlichen Situation, definieren mag. Sie tarnt die Probleme, die sich in diesem dynamischen Prozeß ergeben, als »natürliche« und »ewige«. Das Heiraten, das Kinderkriegen, das Häuserbauen, das Berufswechseln, das Sterben. Das Unheil und das kleine Glück werden geregelt von Schlüsselfiguren, den Ärzten, Kommissaren, Pfarrern, Richtern, Wirten, Winzern, Müttern, deren Aufgabe es ist, ein Schlüsselwort in Umlauf zu halten: »Lebensmut«. Den freilich braucht diese Klasse, die manisch von einer ständischen Ordnung träumt. Denn zum ersten Mal gehört sie nicht mehr zu den Gewinnern, sondern in weiten Segmenten zu den Verlierern der Modernisierung. Umso verzweifelter wird wieder einmal ihre Suche nach dem »alten Glück«.

Unterwegs sind auch die Serien-Kinder immer wieder zu der weihnachtlichen Reunion der Familie, und zur gleichen Zeit ergänzen sie das alte Glück durch neues Engagement. Waren in Erich Kästners »Emil und die Detektive« und der Verfilmung durch Günther Lamprecht die Kinder noch unterwegs, um einen Dieb zu jagen (und empfindsamere Kritiker spürten durchaus schon etwas wie eine klammheimliche Pogromstimmung in dem Werk), so sind die lustigen Zwillinge in »Spreepiraten« detektivisch hinter einem Papierfabrikanten her, der ungeklärte Abwässer in den Fluß leitet. Das Berlin bei Kästner erscheint als ein urbaner Lebensraum, in dem die Kids entsprechend »street wise« sind. In dieser urbanen Welt, so verheimlicht uns Lamprecht nicht, sieht es mit Sonnenlicht eher schlecht aus. Dieses Berlin ist in »Spreepiraten« ein von allem Urbanen bedrohtes Wochenendidyll. Früh übt sich der deutsche Blick.

Deutsche Zuhauseplätze

Die drei Hauptreize der deutschen Serie gegenüber der ausländischen Konkurrenz waren zu Beginn der neunziger Jahre klar erkannt und in die Konzepte eingebaut: a) eine wiedererkennbare deutsche Landschaft, die in einem festen Rhythmus als Lösungs- und Entspannungsmittel, und sei's durch noch so holprige Zwischenschnitte eingefügt sind, eine Anhäufung von Zeichen des Deutsch-Seins, nicht nur über die regionale Identifikation, sondern auch in den Details, von der Sprache bis zum Essen. b) Die Familie als Fokus des Interesses, in der wiederum eine Dominanzfigur, die starke Mutter oder der starke Vater, der Patriarch wie Ernst Schröder in »Lorentz & Söhne«, noch in der Tradition der »Titanen« erkennbar sein muß. In einer Serie wie »Waldhaus« sieht man in einem Hotel vor lauter Familie gar keine Gäste mehr. Das ist nichts als die aus Versehen ins Groteske gekippte nationale Metapher, die schon einer in einem Wirtshaus in einer Bauernkomödie zur Zeit des Faschismus sagt: »Wir brauchen keine Fremden nicht, wir sind uns selber schon zuviel.« c) Die Lösung der Probleme durch den kulturellen Rückgriff: Die Familiengeschichte ist eine dramatische Auswahl zwischen den vertriebenen Versagern und den Verwurzelten, in die sich aber immer wieder das Böse einnistet. Die böse Schwiegertochter in »Lorentz & Söhne« und auch der »deutscheste aller Kriminalhelden«, Inspektor Derrick, bekommen es immer wieder mit diesem »eingenisteten« Fremden zu tun.

Die Vorliebe der neuen deutschen Fernsehserie betrifft die gleichen Figuren, die auch der Ufa-Film und der Nachkriegsfilm favorisierte: Ärzte, Hoteliers, Förster, Kommissare, Fabrikanten, Gutsherren (und natürlich Pfarrer) mit ihren jeweiligen weiblichen Pendants, Figuren, die Territorien besetzen und definieren. Wie im deutschen Genrefilm gibt es feste Rollenklischees (Mario Adorf immer wieder als fieser Reicher, Christine Kaufmann als zickige Upperclass-Frau, Ruth Maria Kubitschek als »harte« Geschäftsfrau), und diese Rollenklischees – auch wenn die Rollen ausnahmsweise einmal von anderen Schauspielern gespielt werden – verzahnen die Serien untereinander zu einer vollständigen Kosmologie des Deutsch-Seins.

Herbert Reinecker, der zu den personalen Kontinuitäten der deutschen Unterhaltung (und Propaganda) vom »Dritten Reich« in die Postmoderne des Deutsch-Seins gehört, gibt in einem Interview mit dem Magazin der *Süddeutschen Zeitung* eine ebenso vage wie aufschlußreiche Auskunft über sein Weltverständnis und sein umfängliches Werk: »Unruhezeiten. Aufbruch- und Umbruchzeiten, irgendeine gewaltige Denkunruhe ist unterwegs. Ruhige Plätze, Zuhauseplätze, sind selten geworden.« Damit beschreibt er genau das Wesen der neuen deutschen Heimatserie, vom Krimi bis zum Bergdoktorspiel: Gegen das Chaos der Veränderung, gegen »irgendeine« Denkunruhe, setzt man die Konstruktion eines »Zuhauseplatzes« (und indem man ihn setzt, muß man auch die Mythologie seiner Verteidigung setzen). Selbst die so angestrengt sozialdemokratisch-gut-menschliche »Lindenstraße« setzt auf der Basis der, wie Klaus Kreimeier das im *Freitag* genannt hat, »Koalitionsfreiheit« (die Wahl zwischen Haß, Liebe und Gleichgültigkeit) das »Wir-Gefühl« einer geschlossenen Welt gegen das Draußen. Schon die Straße hat hier ganz und gar nichts mehr von einem Zuhauseplatz an sich, und die Stadt ist nur der elende Ort in der Ferne, zu dem man aufbrechen muß, um noch Schrecklicheres als das Gewohnte zu erdulden. Die deutsche Serie der vierten Generation handelt von den äußeren und inneren Gefährdungen des Zuhauseplatzes und von den Strategien der Konstruktion des Deutsch-Seins. Und sie vermittelt dabei in ihrer regressiv rechten wie in ihrer gutmensch-lich linken Ausführung (letztere natürlich, den Verhält-nissen entsprechend, in der Minderzahl) ein ausgespro-chen fatales Gefühl: Wir sitzen alle in einem Boot. Jede dieser geschlossenen kleinbürgerlichen Welten der deut-schen TV-Serie hat zwar eine begrenzte Fähigkeit, den »Fremden« aufzunehmen, zu adaptieren und nötigen-falls umzuerziehen, aber sie verbittet sich zugleich jegli-che Einmischung von außen. Kein Mensch kann hier einfach so mal vorbeikommen und dann wieder gehen, er gerät stets in eine Situation der Entscheidung zwi-schen Anpassung und Opfer. Wehe dem Fremden, der die Gnade seiner seriellen Eindeutschung nicht zu schätzen weiß!

Message Placement

Die Rekonstruktion des »alten Glücks« geht, wen wun-dert es, mit zwei Dingen gleichzeitig einher, mit einer mittlerweile schon selbstverständlichen Vermischung von Seriendramaturgie und Product Placement auf der einen und einem massiven Message Placement auf der anderen Seite. »Mit Geld und Beziehungen«, so der ein-stige Werbeleiter bei BMW und Philip Morris und selbständiger Produzent Christian Timmer 1990, »ist es möglich, jedes Produkt ins Fernsehen zu bekommen.« Und natürlich auch jede politische Botschaft, wie etwa einen Hetzbeitrag gegen die Protestierenden von Wakkersdorf, gestaltet und verkauft vom früheren Medienreferenten der Hanns-Seidel-Stiftung, Ralf Schneider, der sogar dem Bayerischen Rundfunk etwas peinlich war.

Die Eingriffsmodelle vorwiegend rechter und sektiererischer, aber mächtiger Gruppierungen in das Programm sind mittlerweile legendär, es reicht vom »erzkatholischen« Opus Dei, das 1988 in einen kritischen Film über die Verstrickungen des Unternehmens eingriff, bis zu den »Waldorfschulen« und den Anthroposophen, die nicht nur die Ausstrahlung eines Films, sondern sogar die Berichterstattung über ein mit ihnen durchgeführtes öffentliches Diskussionsforum verhinderten. Und daß ein kritischer Kabarettist wie Dieter Hildebrandt immer wieder Objekt von Zensur und Zensurversuchen wird, entspricht nicht so sehr der »alten« Art von Zensur, die eine unliebsame Wahrheit oder die Formulierung von Unbehagen unterdrückt, sondern eher einer »neuen« populistischen Form der Zensur, einer Zensur, die dem Mainstream aus dem Herzen spricht und sich das exemplarische Opfer sucht (einen Menschen, der den Intellektuellen im TV-Rollenspiel gibt).

Volkstümlicher Rausch im Medium

Natürlich ist auch der volkstümliche Diskurs und die boomartige Verbreitung von entsprechender Musik und Inszenierung in den achtziger Jahren an der Rekonstruktion des »alten Glücks« ebenso beteiligt, wie er eine ganz ähnliche, womöglich noch verschärfte Verbindung von Politik, Ökonomie, Ideologie und Regression erzielt.

Karl Moik, in Feindeskreisen »Karriere-Karli« genannt, der vom Ofenvertreter und Pausensprecher im Salzburger Fußballstadion zum Moderator des »Musikantenstadl« aufstieg, war schnell bekannt für seine bizarren Ausfälle (die eilfertig in der Yellow Press kolportiert, ihn offenbar nur umso beliebter machten). Als man ihn in einem Marler Hotel nicht rechtzeitig den gewünschten Tisch anbot, herrschte er, so die *Bunte*, den Hotel-Manager an: »Wenn ihr euch nicht auf solche Stars wie mich einstellen könnt, wird es höchste Zeit, daß wir euch aus Österreich mal wieder jemanden rüberschicken, der in Deutschland für Ordnung sorgt.« Aber vielleicht war das auch nur eine der vielen gegenseitigen Anfeindungen, die im »Jodlerkrieg« der volkstümlichen Musikanten, der Moderatoren und Manager, in den Zeiten ausbrach, als im Genre auf eine so schnelle, unanständige Weise Geld zu verdienen war wie nirgends in der deutschen Unterhaltungsbranche sonst. Rund 500 Millionen DM wurden zu dieser Zeit jährlich offiziell mit Volksmusik umgesetzt.

Das Religiöse und das Nationale bilden in der Volksmusik eine bizarre neue Einheit. Das Duo Judith & Mel begann die Welle der religiösen Lieder mit dem Text: »Nordlicht am Himmel, vom Herrgott gemacht/ Dein Licht nimmt die Angst vor der Nacht.« Vielleicht muß man gar nicht wissen, daß »Nordlicht« der Deckname für den Feldzug der Naziarmee in Skandinavien war, um einen unklar völkischen Bezug aus diesem Text zu entnehmen, zumal dieses seltsame Duo in seiner strahlend blonden Deutschheit dem Nachdruck verleiht.

Das »alte Glück« ist in den Volksmusiksendungen zum einen als synthetische Wiederholung von Heimat zu spüren, bei der es nichts ausmacht, daß man erkennt, daß Blumen aus Plastik und Bauernschränke Attrappen sind. Es ist hier vollständig Zeichen geworden. Es gibt nichts städtisches, allenfalls die biedermeierliche Kleinstadtidylle, dafür aber eine ganze Reihe von Zeichen des Deutsch-Seins. Die bemerkenswerte Vorliebe für Zäune setzt sich auch hier fort, und spielerisch geht in den allfälligen »Einmärschen« das Volkstümliche ins Militärische über. Wer und wie einmarschiert, wer am Rand stehen und Fähnchen schwenken darf, wer sich wem »anschließt«, das ist einer in der Regel ausgesprochen

100

präzisen Choreographie unterworfen, die ein Traum-Deutschland in den Grenzen und in der Struktur von 1933 beschreibt.

In schlechten Zeiten, sagt die Modebranche, werden die Röcke länger, als wäre die Unschuld der Frauen das letzte Gut, das es zu bewahren gebe, oder als müsse sich nun schneller die Frau in die Mutter verwandeln. Der Trend wird in den Dirndln der Volksmusik-Sängerinnen verstärkt, die sich ganz in mutterbrüstige Glockenwesen verwandeln, brünstig, aber familiär, einladend, aber ordentlich.

Jedenfalls darf auch der Humor im volkstümlichen Diskurs des Fernsehens nicht nur wieder in eine vordem kaum vorstellbare Regression absinken, sondern bis an die Schmerzgrenze »national« werden, weshalb nach dem bemerkenswerten Erfolg der überaus einfach gestrickten Witze-Erzählschau »Gaudimax« der ARD die obligate ZDF-Konkurrenz gleich mit »Deutschland lacht« konterte, die dann aber schnell und erschrocken wegen offen »ausländerfeindlicher« und »sexistischer« Witze gekippt wurde.

Zunächst waren die Konservativen und »Reifen« die hauptsächliche Zielrichtung des Volksmusik-Booms, deren einziges Problem für die Programmgestalter schien, daß die Werbewirtschaft kein rechtes Interesse an dieser Zielgruppe hatte, dabei hätten, so Mastermind Hans R. Beierlein in einem entweder seltsamen oder sehr geschickten Bild, »Deutschlands ›Reife‹ soviel Geld auf dem Konto, daß man davon Rußland kaufen könnte.« Aber mit Gruppen wie den »Zillertaler Schürzenjägern«, die die perfekte Mischung von Hippie und Almbua verkörpern, die auf einen Song wie »Zum Beten geh' ich in die Berge« einen Rolling Stones-Song folgen lassen, wurde auch ein sehr junges Publikum angesprochen. Dieser Teil des volkstümlichen Diskurses beschreibt das Projekt einer doppelten Versöhnung, dem kulturellen Anschluß Österreichs an Deutschland (oder, wenn es nach Karl Moik geht, Deutschlands an Österreich) und die Versöhnung der Generationen des deutschen Kleinbürgertums. »Zu den Schürzenjägern«, so heißt es im *Stern*, »flippen Disco-Kids, Punker, biedere Familienclans und Spielmannszug-Angehörige gleichermaßen aus. Ihre Konzerte sind nicht einfach krachlederne Musikabende, sondern Versöhnungs-Zeremonien, bei denen die unterschiedlichsten Subkulturen im eigenen Schweiß baden«. Das Abschließen ist das eigentliche Ziel der Veranstaltung. »Wir baun uns ein Häuschen aus Sonnenschein, da lassen wir keinen von draußen rein«, trällert die 13jährige Stefanie Härtel, eine Umkehrung der brennenden Häuser der Asylbewerber und Gastarbeiter. Hans R. Beierlein weiß um die »ungemein politischer Bedeutung« der Volksmusik: »Die schweigende Mehrheit hat hierin endlich Ausdruck gefunden.« Sepp Eibl vom »Bayerischen Verein zur Pflege der Volksmusik« urteilt: »Heutige volkstümliche Musik hat ihre Wurzeln in der Kraft-durch-Freude-Bewegung der Nazis und ist nichts weiter als gelangweilte Geselligkeit.«

Auch im volkstümlichen Diskurs, wenngleich auf ungeheure Art verschärft, geht es um die Verknüpfung des Ökologischen (»Grüne Musik« hieß die Volksmusik eine Zeit lang in der Plattenbranche) mit dem Nationalen. Marianne und Michael sind »Mitglieder bei Greenpeace und versuchen bei jedem Auftritt auf den Umweltschutz hinzuweisen, Michael überlegt sogar, ob man nicht zu jeder Sendung ein Bäumchen pflanzen könnte«. Und außerdem verkündet er stolz: »Verdammt, ich bin ein Deutscher, und ich kann stolz darauf sein.« Nach seinem Paß ist Michael zwar Österreicher, aber das hindert ihn nicht, nachzuschieben: »Wir alle sollen und dürfen stolz sein auf unser herrliches Deutschland.«

Der in den Serien so subkutan und verblümt betriebene Rassismus kommt hier ganz unmittelbar in der Apotheose der blond und blauäugigen Helden zu sich (im Kosmos der deutschen Volksmusik muß, wer nicht blond ist, entweder alt oder komisch sein, umgekehrt darf niemand, der blond und blauäugig ist, komisch sein). Aber vor allem geht es um die Rekonstruktion eines seltsam analen, sumpfigen Körpergefühls. »Wenn du in' Saustall gehst«, meint Peter Steiner in seinem »Peter Steiner's Theater-Stadl«, »dann setz' an Huat auf – daß i di auseinanderkenn.« Ein dumpfes Zurück ist darin zu spüren, das nichts mehr von der vorsichtigen Rekonstruktion des »alten Glücks« hat, sondern sich Bahn brechen will. Und da ist sie wieder, wenn auch auf andere Weise, die Sexualität der Nicht-Sexualität.

Nun aber: Das alte Glück!

Was also ist die Rekonstruktion des »alten Glücks« in der deutschen Fernsehunterhaltung?
• die mythische Aufrechnung der unschuldigen, natürlichen und als deutsch durchaus identifizierbaren Provinz gegen die Stadt, in der das Verbrechen nur geschehen kann;
• die Rekonstruktion und beständige mythische Bearbeitung der zwei großen deutschen Problemlöser, dem Arzt und der Mutter;
• das Absinken nationaler und nationalistischer Gesten und Symbole auf eine subkutane Ebene, auf der »politisch« nichts zu greifen ist;
• die Konstruktion immer neuer Bilder für das (unverdächtige) Abwehren des Fremden;
• die Abwehr der Kritik und der (städtischen) Intelligenz;
• die Umwandlung der emanzipierten in eine natürliche (deutsche) Frau;
• die Konstruktion des deutschen Weihnachtsfestes;
• die Regelung der Erbschaften in einem (Anti-Dallas) Sinn der Gerechtigkeit und der dezenten Vernetzung unter dem Exogamie-Gebot: Der seßhafte Deutsche darf sich einen »fremden« oder städtischen Partner suchen, solange der seine Anpassungsbereitschaft überdurchschnittlich unter Beweis stellt;
• die Abwehr von sozialen Veränderungen, die mit den ökonomischen und politischen einhergehen müßten;

103

• die Reduktion der Welterfahrung auf eine einzige kleinbürgerliche Klasse, deren Sicht offenbar in allen Milieus sich durchsetzt, im Haus des Bauern wie in dem des Professors;

• die Rekonstruktion alter Mythen von Macht und Glanz im Adel, im Großbürgertum, in einer durch und durch familial hierarchischen Form, der Kapitalismus in Form der Familiengeschichte. Wie der Landadel in den deutschen Heimatfilmen noch rehabilitiert werden mußte, z.B. in »Grün ist die Heide«, gegen eine unklare Schuld, so scheint er in den deutschen Fernsehserien schuldlos aus der sozialen Versenkung aufzutauchen, womit das alte Dornröschenschloß des deutschen Märchens sich wieder belebt. Wie das Natürlich-Ständische über die Wahrheit der Ökonomie gefälligst zu siegen hat, erklärt uns eine Folge der Serie »Die Wicherts von nebenan« aus dem Jahr 1991: Der ehemalige Inhaber der Möbelfabrik, der aus Gründen der wirtschaftlichen Umgestaltung des Landes nun wieder zum eher manufaktorisch arbeitenden Tischler geworden ist, holt einen alten und außerdem dicken Mitarbeiter als Kompagnon ins kleine Unternehmen. Die Situation hat sich gründlich geändert, dennoch bleibt es beim vertraute »Du« des ehemaligen Chefs, während der inzwischen sozial Überlegene beim ehrfürchtigen »Sie« bleibt, beim »Herrn Wichert«. Fabrikbesitzer und Herrenmenschen bleiben, was sie waren, genauso wie »das Volk« bleibt, was es ist;

• das ästhetische und motivische Anknüpfen an die idealen Orte der deutschen Bilderproduktion, an die »Ufa-Herrlichkeit« und an die Wirtschaftswunderzeit;

• die Vernetzung fiktionialer und realer (Werbung, Politik) Elemente zu einem umfassenden Sinnsystem, das zugleich chaotisch und in sich geschlossen scheint, das Prinzip der nur gestörten Idylle in der Serie wie in einem Hans Moser- oder Heinz Rühmann-Film;

• die Konstruktion des Deutsch-Seins aus vielen unverdächtigen Elementen: Der Regionalsprache, der Landschaft, der Tradition, der »deutschen« Konstruktion der Familiarität;

104

• die Positivierung der ruhigen und Geborgenheit bietenden Milieus (des Alters wie bei »Jakob und Adele«) gegen die Problematisierung von Karriere, Politik und Reise;

• die Ersetzung eines angespannten, dynamischen Klassen-Systems (nebst eines unterschwelligen Bürgerkrieges) durch ein stabiles ständisches System, das nicht in sich, sondern nur von uneinsichtigen Menschen in Frage gestellt ist, die ihren Platz nicht akzeptieren oder nicht gefunden haben;

• die Definition des Deutschen und des Fremden – keineswegs in der Form eines wie auch immer verkleideten Fremdenhasses, sondern in der Form der moralisch strukturierten Fremdenliebe. Sehr oft müssen deutsche »patente« Frauen Türkinnen bei schwierigen Geburten helfen (die Sache, wie in »Der Landarzt«, auch schon mal ganz in die Hand nehmen), während der umgekehrte Fall eher selten eintritt. Oder ein Opfer in einer Entführungsgeschichte in der Kinder-Krimiserie »TKKG. Der blinde Hellseher« heißt beispielsweise Volker Krause, die Verdächtigen dagegen Mario, Raimondo und Amanda. Wenn in einer deutschen Kriminalserie ein Ausländer nicht der Mörder ist, was er eher selten ist, außer er ist Mafioso oder sonstwie organisiert, dann wird sein Freispruch wie ein Gnadenerlaß zelebriert, wie die humanistische Selbstaufwertung der deutschen Institutionen Justiz und Fernsehen;

• die Formulierung der »lachenden Erbschaft«. Sie trifft wie in den Ufa-Filmen der 50er Jahre-Remakes in der Regel den Falschen, aber auch den Glücklichen, Unschuldigen, wie Günther Pfitzmann in »Der Millionenerbe«, der nicht umsonst »Redlich« mit Nachnamen heißt, der gerade sein Erbe verjuxt und nicht mehr erfährt, daß er es nicht bekommt (sondern ein Indianerreservat in den USA). Macht aber nichts, denn Geld kommt zu Geld, und überdies lernt der Held eine echte Millionenerbin kennen. Diese Story ist in unterschiedlichen Variationen in je etwa einem Dutzend Filmen der Nazizeit und der 50er Jahre erzählt worden;

• die Phantasie der inneren und äußeren Sauberkeit, die sich im »Umweltbewußtsein« ein modernes Bild gibt, aber doch ganz die alte bleibt. Bei »Dr. Stefan Frank« engagiert sich eine Hauptperson sehr realitätsnah in einer Bürgerinitiative. Sie kämpft gegen Hundedreck auf der Straße;

• die Verinnerlichung der Werte, das Verlagern in die Irrationalität, oder, um es mit den Worten von Günther Pfitzmann zu sagen: »Man kann sagen: ›Ich bin für Freiheit‹, oder ›Ich bin für Demokratie‹. Aber Ausstrahlung ist, wo man nicht mehr türken und bluffen kann.« Sehr deutsch das.

Daß diese Rekonstruktion des »alten Glücks« ohne viel Aufsehen und jederzeit mit den anderen Sinnsystemen, etwa mit dem Sport (der stets nach »nationaler Identität« heischt und in dieser Konstruktion mit dem Diskurs der »Volkstümlichkeit« am ehesten »gesamtdeutsch« erscheint), der Kultur (die im Fernsehen auf die Frage, was es im Kino zum Beispiel Neues gibt, nur daran interessiert ist, wie es dem deutschen Film geht, weil man selber an dessen Produktion beteiligt ist) und nicht zuletzt mit der Politik (der Inszenierung von politischen Auftritten in einem System der Symbole und Gesten des »alten Glücks«) zu verbinden ist, liegt ebenso auf der Hand, wie die Tatsache, daß dieses Fernsehen, trotz seiner »Lindenstraße«, einen Weg in eine multikulturelle, ja auch nur eine tolerante Gesellschaft nicht zu weisen imstande ist.

Das alte Glück, zu dessen perfektem Medium das deutsche Fernsehen geworden ist, will nichts als die bruchlose, bewußtlose Fortsetzung und Wiederherstellung.

So werden die auf den ersten Blick gelegentlich ein wenig widersinnigen Attacken der rechten Kultur auf das Fernsehen in Bezug auf dieses alte Glück erst wahrhaft verständlich. Angegriffen wird alles, was diesem »alten Glück« zuwiderläuft, also nicht das bekennende, empörungsgeile und vergebungsheischende Endlosgerede über Sexualität, Verbrechen und Dissidenz (ein endloses »Verhandeln« der Lust vor der Öffentlichkeit), sondern die wenigen Augenblicke, in denen Sexualiät als Glück und Vergnügen erscheint (die Augenblicke, in denen das Fernsehen selber erotisch sein will und sich nicht nur zum Richter über Sexualität machen will), und nicht die Gewalt der Ordnungsstifter, sondern die »anarchische« Gewalt. Die Konstruktion des »alten Glücks« und die moralische Reaktion sind dialektischer Ausdruck der politischen und wirtschaftlichen Macht von rechts über das Medium.

Der Sport nimmt in diesem System ein wenig die Rolle des Krieges oder der Vorbereitung zu ihm ein. Es ist eine Art Kriegsberichterstattung, die genauer als sonst Gegner benennen kann, in der es um Siege geht und in der immer wieder Worte auftauchen dürfen wie »Großkampftag«, »Großkampfstimmung«.

Nicht zuhause, Mama

Wir leben also in einer Wolke aus »altem Glück« und giftigen Dämpfen des Jetzt, einen ästhetischen Smog, in dem man sich vage, aber unbeirrbar an einem »Zuhauseplatz« namens Deutschland wähnt, der recht eigentlich nicht in Frage gestellt werden darf, und dem man, bis ganz nach links hinein, wo von »Identität« geraunt wird, die man den Rechten nicht überlassen dürfe, sein Opfer bringt. Wen mag es verwundern, daß wir auch die Verfolgung und Vernichtung der Juden aus diesem Diskurs heraus erklären als eine furchtbare Störung von Familiengeschichten und Zuhauseplätzen? Und wen mag es wundern, daß nicht nur die selben Personen sich daran beteiligen, die sonst für die deutschen Idyllen zuständig sind, sondern daß die auch ihre bewährten Erzähl- und Bildmittel verwenden?

Erzählungen des Nicht-Erzählbaren
Bilder des Nicht-Abbildbaren

Die Ursprünge der Bilder

Die faschistische Bildproduktion

Auch was die faschistische Bildproduktion anbelangt, schlage ich vor, in unserem Zusammenhang bei dem im ersten Kapitel entwickelten prozessualen Modell zu bleiben, in dem wiederum einer faschistischen Avantgarde (dem »totalen« faschistischen Bild, das danach strebt, reine ästhetische Form der faschistischen Seh- und Wahrnehmungsweise zu sein, auch wenn diese nicht im alten Sinne zu kanonisieren war) eine bürgerliche Kontinuität »nach dem Zerfall« gegenübersteht, die ihre »heile Welt« durch den Faschismus nach innen wie nach außen geschützt sieht.

Und doch obsiegt hier ein Aspekt des Totalen, weniger in der ästhetischen Forcierung der Bilder, als in der Kontrolle ihrer Produktion und ihres Flusses durch die Gesellschaft. So haben wir, wenn man so will, weder zufällige noch unschuldige, noch gar in irgendeiner Weise subversive Bilder aus der Zeit der nationalsozialistischen Herrschaft.

Das böse Erbe dieser geschlossenen, wenn auch nicht vollständig in Ideologie auflösbaren Bildwelt, von der sich die deutsche Gesellschaft offenkundig noch immer überaus fasziniert zeigt (und die sie daher wie eine gefährliche Droge behandelt), verführt zu einer einfachen Lösung: der Faschismus war möglicherweise nichts anderes als ein gewaltiges System zur Verwandlung der Gesellschaft in ein »Kunstwerk«. Die Führer des Faschismus waren gar nicht so sehr daran interessiert,

Geschichte zu machen, sondern vielmehr daran, ein gigantiches Schöpferwerk zu schaffen; Gott, der Arzt, der Krieger, der Künstler, in einem zu sein, als wahrhafter Schöpfer, der wie de Sade nur »die Natur« selbst als Autorität anerkennen konnte und der Menschen und Welten vernichten mochte, nur um ein Bild zu schaffen: »Metapolitics«. Wenn die Machthaber etwas wirklich interessierte, dann waren es Bilder; sie waren gescheiterte und gekränkte Künstler, die das Bild nun so sehr gegen die vermeintlichen oder fiktiven Verursacher der ästhetischen Kränkung richteten und die nun, statt mit dem Bild auf die Gesellschaft zuzugehen, die Gesellschaft selbst zu diesem Bild machten.

Anders als in Italien scheint es dabei in Deutschland nicht um die Bebilderung des Faschismus, sondern um die Faschisierung des Bildes gegangen zu sein; das faschistische »Thema« reichte nicht aus, um die wuchernden Instanzen der Zensur zu passieren, und auch hier entsprachen sich politische und ökonomische Impulse aufs trefflichste. So vielfältig die Bildproduktion des deutschen Faschismus auch war, so sehr war sie doch auch von Monopolen beherrscht, wie die Führer-Fotografie in den Händen von Heinrich Hoffmann lag, so kristallisierten sich immer Fabrikationseinheiten zur Herstellung technisch reproduzierter Bilder heraus. Und darin steckte als seltsame Utopie die Aufhebung des Widerspruchs von Original und Bild in der ästhetischen Produktion des Faschismus. Der Reichsparteitag und die Ufa-Klamotte nähern sich, wenn auch von verschiedenen Seiten, dem gleichen Punkt an, der radikalen Auflösung des Lebens in der Inszenierung.

Die Kontrolle über das Medium mußte daher nicht nur aus pragmatischen Gründen danach streben, total zu werden. Tatsächlich erwischte der deutsche Faschismus eine Gesellschaft, die gerade in einem Modernisierungs- und Medialisierungsschub begann, ein eigenes Bild zu formen. Das Kleinbürgertum, das wirtschaftlich, politisch und kulturell den Boden unter den Füßen verlor, sah sich überdies einer technisch beschleunigten Bilderflut ausgesetzt, der gegenüber jede ordnende Instanz fehlte (ganz so wie in unseren Tagen das untergehende Kleinbürgertum die Schuld an seinem Elend vor allem jenen Bildermaschinen geben will, nach denen es süchtig geworden ist). Die faschistische Sucht nach »Kunst« war nicht nur Ausdruck einer Monumentalisierung des Alltags durch die Allgegenwart der »Triumphe des Willens« und der »Siege des Glaubens«, sondern auch ein massiver Abwehrversuch gegen die Demokratisierung des Bildes. Wurde im Kino das autokratische Genie in seiner Unerreichbarkeit gefeiert, so wurde gleichzeitig die damals zu einer ersten Blüte gekommene Schmalfilmbewegung behindert. Das erste Ziel war offenbar die Abschaffung einer Grauzone zwischen dem Amateurhaften und dem Professionellen der Bildherstellung. Die Veröffentlichung des Bildes, und wenn es nur die einer besonders gelungenen Skiabfahrt war, sollte nicht mehr geschehen dürfen, ohne daß ihr Hersteller (nach dem Ariernachweis) Mitglied des »Verbandes der Kultur-Lehr- und Werbefilmhersteller« wurde. Gewiß verdankte sich dies den Gegebenheiten von Zensur und Machtkonzentrationen, noch mehr aber entsprach es der Angst vor einer »wilden« Bilderproduktion. Als Leni Riefenstahls Reichsparteitagsfilm entstand, wurde das Verbot aller privaten Aufnahmen politischer Aufmärsche, Reden und Manifestationen vorbereitet. Die öffentliche Inszenierung und ihr technisch reproduziertes Bild sollten vollkommen synchron werden. Schließlich mußten auch Amateurfilmer Mitglieder der Reichsfilmkammer werden und wurden entsprechend kontrolliert. Wichtig dabei ist die Überführung des »Clubs« in die Sphäre der Öffentlichkeit und damit einerseits unter die Zensurbestimmungen, andererseits unter das Diktat einer umfassenden Mythenproduktion.

Dem Hang zum Kategorischen, zur Aufhebung des individuellen Lebens in der Pose, folgen indes auch die Amateurfilme nur allzu bereitwillig, sie heißen um 1939 nicht mehr »Meine Zeit beim Arbeitsdienst«, sondern »Schule der Nation« (werden preisgekrönt und damit noch einmal kategorialisiert), sie fotografieren die Gruppe in Reih und Glied und zeigen erneut Führer und Masse in erotischem Dialog. Sie idealisieren »Schaffende Hände« und können zur gleichen Zeit nicht mehr von Arbeit und Alltag sprechen. Und der Amateurfilmer, der ja nur mit der Genehmigung und unter den Augen der jeweiligen Obrigkeit arbeiten durfte, begab sich wiederum »begeistert« in die Position des Privilegierten, arbeitete militärisch, wiederholte den gemeinsamen Blick. Es gibt so gut wie keine Aufnahmen aus dem Dritten Reich außerhalb der Art der allgemeinen Inszenierung.

Walter Benjamin schreibt, der Faschismus versuche »die neu entstandenen proletarischen Massen zu organisieren, ohne die Eigentumsverhältnisse, auf deren Beseitigung sie hindrängen, anzutasten. Er sieht ein Heil darin, die Massen zu ihrem Ausdruck (beileibe nicht zu ihrem Recht) kommen zu lassen.« Was indes die faschistische Bildproduktion anbelangt, geht es ihr offenbar darum, die neu entstehende Masse (ohne Mythos gesprochen: eine verdammt große Anzahl von Menschen mit sehr ähnlichem Schicksal) zu ihrem Ausdruck kommen zu lassen, ohne sich selbst als solche zu erfahren. Der Faschist, so scheint es, fühlt sich als Teil einer großen Bewegung, aber niemals als Teil einer »Masse«. Er ist wie in Riefenstahls Parteitagsfilm zugleich Teil einer großen Choreographie und ganz bei sich, zugleich territorial und maschinell. Bei den vielen faschistischen Menschen, die ich, folgerichtig und seltsamerweise, kennengelernt habe, bedeutet der Satz Benjamins eher wenig, ja die Vorstellung von »Masse« war den meisten vollkommen fremd und ekelhaft. Sie brüllten zu tausenden »Jawohl« und fühlten sich nicht als Masse, ihre Rituale waren geradezu darauf ausgerichtet, nicht Masse zu sein.

Ebenso könnte man Benjamins Satz dahingehend modifizieren, daß die neu entstandenen Mittel der Bildproduktion, die Selbstidentifikation im Kollektiv und im Privaten, auf ihren Ausdruck und beileibe nicht auf ihr Recht drängten. Eine Wahrnehmungsänderung, die vor dem Objekt der Wahrnehmung zurückschreckt und die kollektive Disziplin verlangt, um diesem und den anderen erschreckenden Bildern der Welt zu begegnen. Die grundsätzliche Strategie scheint zu sein, die Wahrnehmung zu kategorisieren, um jeden Preis zu verhindern, daß man mit ihr allein ist. Da wiederholt sich die »faschisierte Psyche« in der ästhetischen Produktion: Es gibt nur *Ich* und die *Welt*, das Begehren und die Ordnung, kein *Du* und kein *Wir*. In der blicklosen, tiefenlosen Welt des faschistischen Bildes ist der Mensch und die Kategorie so kurzgeschlossen wie das Begehren und die Gewalt.

Eine Ausnahme bei der Kontrolle gibt es bezeichnenderweise bei den Soldaten an der Front. Hier gibt es eine sozusagen anarchische Bildproduktion, die, wenn sie auch besonders verdrängt wurde, gelegentlich als Material der Erinnerung »entdeckt« wird. In seinem Film »Sperrgebiet« schildert Wolf Gauer das Leben des deutschen Soldaten Joe J. Heydecker, der seit 1960 in Brasilien lebt und der während seines Einsatzes im Warschauer Ghetto fotografiert hat (1984 befällt ihn anhand dieser Bilder ein Gefühl der Mitschuld).

All das erklärt nur wenig. Die Beschleunigung der Medialisierung in jenen Jahren produzierte ihre eigenen Begrenzungen, denn sehr viele Menschen hatten weder ökonomisch noch kulturell Zugang zu neuen technischen Wahrnehmungsformen zwischen dem Privaten und dem Öffentlichen. Aber in der Synchronität der gescheiterten Revolten sowohl im Bereich des Privaten wie im Bereich des öffentlichen Raumes, die mit einer ungeheuren Wucht ineinander stürzen mußten, wird nach und nach ein Modell der verhinderten Moderne daraus:

1. Nutzniesser und Opfer des Kapitalismus verbünden sich, um den rassistisch erbeuteten Teil des Reichtums unter sich aufzuteilen, materiell wie symbolisch: Im Inneren den als Nicht-Mensch identifizierten Juden, im Äußeren, den besiegten Feinden so viel wegzunehmen, daß es für alle bescheidenden Wohlstand gibt und der »Volksgenosse« statt zum Gegner der Ausbeutung zum

112

Komplizen wird. (Die Täter tun sich deswegen so leicht, sich als Opfer zu fühlen, weil sie in der Tat um das große Ziel vorläufig betrogen wurden. Sie haben gemordet, und bekamen am Ende nichts dafür.)

2. Entscheidend ist dabei, das Bild der Welt zu kontrollieren, nicht zuletzt in dem Sinn, den neuen Meta-Raum zu bilden, der weder dem Privaten noch dem Öffentlichen zugeordnet ist; der wahrhaft faschistische Raum, in dem sich das Völkische an die Stelle individueller Moral zu setzen und das Paradox des erlaubten (weil geordneten und im Bild rückgebundenen) Verbrechens zu bilden versteht. Das Bild vom Krieg, das in der weniger kontrollierten Form entsteht (wenngleich durchaus nach den Modellen der allgemeinen Bilderproduktion) läßt nur den Schluß zu, daß die Bilder und ihre Produzenten vom »Bösen« ihres Tuns wissen und es genießen.

3. Der familiär-mythische Aspekt der Revolte war gegen die bürgerliche und die sich nach kleinbürgerlichen Modellen formierende proletarische Familie aufgehoben in ihrer Bestätigung. Versöhnung zwischen Kindern und Eltern, deren Zusammenleben einen neurotischen und destruktiven Grad erreicht hatte. Der historische Zusammenbruch der ödipalen Struktur der Welt (noch eine der 1001 vagabundierenden Faschismus-Theorien) generiert neben der Gleichzeitigkeit von Beschleunigung und Sehnsucht nach dem alten Glück eine Komplizenschaft des Bösen (in der der Faschismus nicht so sehr als geschlossenes System erscheint, sondern vielmehr als eine Art legitimierter Selbstbedienungsladen der Transgression) und eine alles überdeckende Bilderproduktion, die soviel von der faschistischen Wirklichkeit verbirgt, wie sie von ihrer Psychopathologie verrät.

Die Kontrolle über die Bilder, deren Totalität einerseits als realpolitische Maßnahme angestrebt wurde, die aber andererseits ein gesellschaftlicher Mythos werden mußte – Leben in einer Welt, in der auch das Sehen vollkommen geregelt ist und in der es keinen Widerspruch zwischen dem Blick des Ich und dem Blick des anderen geben soll: Die vollkommene, durchaus terroristische Herrschaft des Bildes über den Blick –, führt nicht so sehr zu einer festen Ikonographie (diesen Teil der ästhetischen Produktion verdammen wir mit einiger Leichtigkeit aus unserer Mediengeschichte) als zu prozessualen Verschiebungen, zu einer Art der kleinen, barbarischen Auflösung der christlich-bürgerlichen Sicht, die aber nicht zu einer orgiastischen, sondern zu einer kontrollierten Form des Ausbruchs vor- und antichristlicher Impulse führt. Ein Beispiel dafür mag etwa der Film »Johannisfeuer« (1939) von Arthur Maria Rabenalt sein, das als »unerfüllter Wunsch«, so eine Kritik zur Ausstrahlung des Films im Bayerischen Fernsehen 1978, »einen Funken Germanentum, Freiheit vom Christentum, Heidentum in uns« anspricht. Und diese seltsamen »unerfüllten Wünsche« scheinen heute mit der selben Selbstverständlichkeit akzeptiert zu sein wie damals.

(Wenn man also eine Bewegung des ästhetischen Produktion des Faschismus beschreiben will, dann ist es die Suche nach dem vor-christlichen und vor-bürgerlichen Bild, dem die Produktion der kleinbürgerlichen Idylle in der Massenproduktion der faschistischen Innerlichkeit nicht widerspricht: Das Kleinbürgerliche macht sich auch in der Ästhetik besonders klein, es schaut bewundernd und ängstlich auf das Faschistisch-Monumentale der Außenwelt. Beides trifft sich überdies in der radikalen Ablehnung des »realistischen Blicks«, des nicht-tautologischen, des nicht vollständig unterworfenen Blicks.)

Der totalen Kontrolle der inneren und äußeren Bilder diente auch die »Schrifttumsbürokratie« des Dritten Reiches, die etwa Jan-Pieter Barbian als ein unglaubliches feingesponnenes, zugleich unglaublich banales Gewebe von Vorschriften, Unterlassungen, opportunistischen Handlungen beschreibt mit einer Unzahl von Akteuren, die viel eher strukturell als organisiert synchron arbeiteten. Die »Gleichschaltung« ist dabei ebenso sonderbar wie die Unübersichtlichkeit. »Um das Mon-

ströse des Systems zu konstruieren, genügt es, die Instanzen aufzuzählen, die mit der Kontrolle und Lenkung
von Literatur befaßt waren: Von der Schrifttumsabtei-
lung des Propagandaministeriums über die einschlägi-
gen Stellen beim Reichsministerium für Wissenschaft,
Erziehung und Volksbildung, über die Tätigkeit von
Gestapo und Sicherheitsdienst (SD) zu den Parteiamtli-
chen Schrifttumsstellen: Reichsstelle zur Förderung des
deutschen Schrifttums, Hauptstelle, respektive Hauptamt, Schrifttumspflege beim Beauftragten des Führers
für die Überwachung der gesamten geistigen und welt-
anschaulichen Schulung und Erziehung der NSDAP, die
literaturpolitisch befaßten Dienststellen beim Stab
Stellvertreter des Führers, in der Partei-Kanzlei der
NSDAP, der Reichsorganisationsleiter der NSDAP, der
deutschen Arbeitsfront (DAF), beim Reichsleiter für die
Presse der NSDAP, Reichspropagandaleitung der
NSDAP, Hauptamt für Erzieher, Nationalsozialistischer
Lehrerbund und Reichsjugendführung. Dazu die Reichs-
schrifttumskammer (RSK) mit der Gruppe Schriftsteller
und Gruppe Buchhandel, der Wirtschaftsstelle des deutschen Buchhandels« (Erhard Schütz).
    Diese Überregulierung der ästhetischen Produktion,
die unter anderen Umständen gewiß so etwas wäre wie
eine Deregulation auf höherem Niveau und eine kultur-
bürokratische Farce, erleichtert die Frage nach der
faschistischen Ästhetik, nach dem faschistischen Bild
nicht. Natürlich haben alle diese Institutionen ihre
personalen, organisatorischen und ideellen Wurzeln in
der vor-faschistischen Kulturgeschichte des deutschen
Bürgertums, und was da erzielt wurde, war vor allem
die radikal verkitschte, ins vollendet Brutale gewendete
Form ästhetischer Traditionen. So ist auch der ungeheure Eifer zu verstehen, mit der (beinahe) alle kulturellen
Institutionen die Anordnungen der NSDAP und ihrer
Organe schneller erfüllten, als sie ausgesprochen waren.
Dieser vorauseilende Gehorsam war nicht bloß deut-
schem Untertanengeist geschuldet, sondern mußte aus
einer tieferen Sphäre des »Verstehens« kommen.

Aber hätte nicht doch ein Mindestmaß an Widersprüchlichkeit (über ein paar persönlich Schicksale von Anpassung und In-Ungnade-Fallen hinausgehend) sich aus diesem bürokratischen Wirrwarr ergeben müssen, wie es im übrigen ja im italienischen und spanischen Faschismus der Fall war? Es scheint ein traumwandlerisches, kollektives Wissen um die »richtigen« und die »falschen« Bilder gegeben zu haben, dem sich die Kulturbürokratie nur noch verwaltend andienen mußte.

Was aber wäre dieses Wissen? Natürlich konnte sich die Bürokratie zunächst auf die politische Zensur beziehen. Es ist klar, daß alle Bilder verboten sein mußten, die den eigenen Herrschaftsanspruch und sein Legitimationssystem, »das deutsche Volk« als alle Sinnsysteme umfassenden Mythos, in Frage stellen konnte und daß alle Bilder, die in irgendeinen Zusammenhang mit den konstruierten Feinden, dem Bolschewismus, dem Judentum, dem slawischen Untermenschen und der »dekadenten« Demokratie unterdrückt wurden. Da blieb zwar nicht viel übrig, aber genug, um einige ungeklärte Fragen zu hinterlassen. Denn mit solcher direkten Unterdrückung war noch keineswegs zu erklären, wie Körperbilder, Blick-Paradigmen, Montageprinzipien etc. sich in »richtige« oder »falsche« einteilen ließen.

Möglicherweise läßt sich dieser ästhetische Konsens, der sich nicht mehr vollständig aus den ideologischen Vorgaben erschließen läßt, gerade aus den Beispielen erklären, wo der Gehorsam über den Befehl hinauseilt. So forderten die deutschen Bibliothekare die Säuberung der Bibliotheken und Buchhandlungen von

- »sentimentalen Liebesromanen«
- »Salontirolergeschichten«
- »Indianerschwarten« und
- »nicht eingetroffenen Utopien«.

Die Faschisierung der populären Kultur in Deutschland fand also ihre pragmatische Entsprechung im Verschließen der Schlupflöcher phantasierter Fluchten. Gerade die »Salontirolergeschichten« und die »nicht eingetroffenen Utopien« als Gegenbilder zum faschisti-

116

schen Diskurs des Volkstümlichen und zur faschistischen Welt-Architektur verweisen erneut auf das eigentliche Ziel der ästhetischen Produktion, keinen Widerspruch zwischen der Wirklichkeit und dem Bild zuzulassen: Nur das ist als Bild gestattet, was sich in der völkischen Inszenierung wiederholen läßt.

Die ästhetische Produktion war zur gleichen Zeit ungemein angestachelt. Die deutsche Filmindustrie gehörte zu den wichtigsten Wirtschaftszweigen, und allein der Ammann-Trust mit seinen 150 angeschlossenen und aquirierten Verlagen hatte 1944 einen größeren Jahresumsatz als die I.G. Farben. Die ästhetische und die militärische Produktion, miteinander aufs innigste verwoben, gehörte dabei zu den wirtschaftliche Dynamik vortäuschenden Produktionen imaginärer oder sich selbst verbrauchender Güter. Ein verzweigtes System von Absicherungen und Preisen und Förderungen stimulierte eine ästhetische Produktion, die nur gelegentlich auf eine Art von Qualität untersucht wurde, wenn sie beim besten Willen nicht mehr abzusetzen waren. Die manische Bilderproduktion des deutschen Faschismus ist in sich tautologisch und entzieht sich als dunkles Erbe unserer Kulturgeschichte der klassischen aufklärerischen Analyse. Das faschistische ist bereits ein Meta-Bild, ein Bild von Bildern, und nicht nur eine offenbar unstillbare nostalgische Sehnsucht nach diesen Bildern (keineswegs nur von Menschen, die sich einen auch politischen Hang zum Faschismus zugestehen würden), sondern auch ein meta-ästhetisches Paradox ist die Folge: Das faschistische Bild erweist sich als dominant gegenüber dem Bild vom Faschismus.

Die anti-faschistische Propaganda

Das Material, aus dem wir Bilder vom Faschismus und Krieg gewinnen können, ist primär von beidem selbst produziert. Antifaschistische Propaganda hieß in der Regel, während der Kriegszeit und danach, das vorgefundene Material der faschistischen Bildproduktion zu verwenden, es mit eigenem Material zu konfrontieren, es zu verfremden, es neu zu montieren und zu kommentieren. Aber inwieweit sich das Ursprungsmaterial in gewisser Weise resistent verhielt, vermag man wohl auch heute noch nicht zu sagen, nachdem zahllose ähnliche Versuche einmal kläglich, einmal mehr oder minder absichtsvoll gescheitert sind.

Das, was man Propaganda nennt und was im NS-Staat in einer komplexen Beziehung zwischen Ästhetik und Politik massenhaft produziert wurde, war in den USA von Anbeginn an fest verknüpft mit der marktwirtschaftlich organisierten *popular culture*. Antifaschistische Propaganda gehörte zum Anliegen der Film-Produktion, der Comics und des Radios etwa von 1939 an, aber ihre Wirksamkeit mußte sich nach wie vor auf dem Markt bewähren. So entwickelten sich bizarre Verbindungen der überkommenen Erzählweisen und der erwünschten politischen Richtung. Propaganda war nicht ein eigenes Genre der populären Kultur, Propaganda suchte sich im Gegenteil ihre Genre-Rückbindungen, ein Vorgang, der selbstverständlich in der amerikanischen Kultur schien und der zugleich das Bild, das die Welt sich vom deutschen Faschismus machen konnte, bis beinahe in alle Zeiten von Genre-Mythen der amerikanischen Kultur abhängig macht.

So stand etwa eines der frühen Beispiele aus der Zeit vor dem amerikanischen Kriegseintritt, der Film »Confessions of a Nazi Spy« (Die Geständnisse eines Nazi-Spions. 1939, Regie: Anatole Litvak), der nach einer Artikelserie eines ehemaligen FBI-Agenten entstand, ganz in der Tradition der Gangsterfilme und zeichnet, zwischendurch dokumentarisch, die subversiven Tätigkeiten deutschamerikanischer Nazi-Gruppen nach. Gegen diesen Film gab es enorme Proteste, nicht nur von Seiten der deutschen Diplomatie, die mit Boykottmaßnahmen gegen amerikanische Filmfirmen drohte, und von den »German-American Bunds«, die gegen das negative Bild der Deutschamerikaner protestierten,

118

sondern auch von gemäßigten Journalisten. Eine Folge war, daß die Produzenten in der nächsten Zeit vor allzu dezidierten politischen Stellungnahmen wieder Abstand nahmen. Das Bild des deutschen Faschismus verschwamm, und trotz des ökonomischen Erfolgs des Films erschienen erst nach dem Kriegseintritt wieder propagandistische Bilder. In der Zeit, da sich Isolationisten und Interventionsbefürworter noch die Waage hielten, stand weniger die Bedrohung des eigenen Landes als das faschistische System selbst im Zentrum des Interesses von Filmen wie Alfred Hitchcocks »Foreign Correspondent« (Mord, 1940) und Charlie Chaplins »The Great Dictator« (Der große Diktator, 1940). Hollywood wurde dabei, schon durch seine internationalen Verbindungen, vor allem von Leuten beeinflußt, die den Kriegseintritt befürworteten, und eine Reihe von Filmen, nicht zuletzt »Casablanca«, sind Forderungen nach der Intervention. Mit »The Mortal Storm« (1940, Regie: Frank Borzage. Die Geschichte einer jüdischen Familie, die durch die nationalsozialistische Herrschaft auseinandergerissen wird) beginnen die Filme, die sich mit dem (natürlich in seinen Ausmaßen noch längst nicht erkannten) Antisemitismus auseinandersetzten.

Trotzdem gab es auch Kritik an der fehlenden Radikalität, mit der die amerikanische Kultur auf den Faschismus reagierte. Als die russische Film-Version von Friedrich Wolfs Bühnenstück »Professor Mamlock« (1938, Regie: Adolf Minkin, Herbert Rappaport) aufgeführt wurde, rügte das *World Telegram* die Hollywood-Produktion, die keinen Film so »voller Empörung, Hohn und Verachtung gegen den Hitlerismus, wie es der Sowjet-Film ›Professor Mamlock‹ ist«, hervorgebracht habe. So verstärkte sich schließlich ein wenig der politische Druck auf die Produktion der *popular culture*. Im Dezember 1941 ernannte Franklin D. Roosevelt den Juristen Lowell Mellett zum Filmbeauftragten der Regierung, der nun, nach dem Überfall auf Pearl Harbour, dafür zu sorgen hatte, daß propagandistische Züge unterstützt wurden, ohne daß der Eindruck staatlicher

Lenkung entstand. Es gab zwar keine direkte Beein-
flussung der Produktion, aber einen wohlwollenden
Dialog zwischen Hollywood und dem »Office of War
Information«. Insgesamt entstanden in den Jahren zwischen 1941 und 1945 etwa 200 dezidierte Anti-Nazi-
Filme in den unterschiedlichsten Genres, vom Urwald-
Abenteuer in »Tarzan Triumphs« (Tarzan und die Nazis.
1943, Regie: William Thiele) bis zur Vicky-Baum-Para-
phrase »Hotel Berlin« (1945, Regie: Peter Godfrey), und
in ihnen bildete sich eine eigene Ikonographie des deutschen Faschismus. Zu den eigenwilligen Bildformen
gehörten nicht nur die hackenschlagenden NS-Soldaten,
sondern auch eine bestimmte Form des dekadenten
preußisch-deutschen Adeligen in SS-Uniform. Zur festen
Figur wurde auch der deutschstämmige Held, der sich
in der freien Welt gegen den Nazi-Feind bewährt, wie
Errol Flynn in »Northern Pursuit« (Blutiger Schnee.
1943, Regie: Raoul Walsh) oder der deutsche Eric Koenig
in der Comic-Serie »Sergeant Fury«. In der mehr oder
minder propagandistischen populären Kultur der USA
gibt es also stets schon eine Art Rehabilitationsmodell
für den »guten Deutschen«, und immer wieder wird
gezeigt, wie es einem deutschen Soldaten gelingt, sein
Gewissen über den Befehl zu stellen. Wahrscheinlich
hat es in den amerikanischen Phantasien vom Krieg in
Europa sehr viel mehr deutsche Befehlsverweigerer und
Deserteure gegeben als in der Wirklichkeit.
   Während intensivere Auseinandersetzungen mit dem
faschistischen Regime ebenso eher die Ausnahme blieben wie eine historische Rekonstruktion, etwa in John
Farrows »The Hitler Gang« (1944), überlagerten in der
Regel die Genremuster von Western, Gangsterfilm,
Pirate Movie, Abenteuerfilm und Melodram die eigentlichen politischen Aussagen. So ist es kein Wunder, daß
der deutsche Nazi in die Repertoires der Feindbilder
neben vollkommen synthetischen Gestalten einging, den
Lieblingsfeinden der Superhelden oder neben historischen Figuren wie Dschingis-Chan, neben Horrofiguren
wie Dracula und Märchenfiguren wie dem großen bösen

Wolf. Immer wieder und lange nach Kriegsende führt uns die amerikanische populäre Kultur in Horrorkabinette und Wachsfigurenmuseen, in denen einträchtig Hitler, Stalin und Mussolini neben Jack the Ripper und dem Hunnenkönig Attila stehen.

Was in den B-Filmen der Art von »Wild Horses Rustler« (1943) gelang, wo unser Matinee-Idol Fuzzy gegen faschistische Saboteure kämpft, oder »Hitler – Dead or Alive« (1942, Regie: Nick Grinde), wo patriotisch gesinnte Gangster nach Deutschland kommen, um dem Führer ein »St. Valentine's Day Massacre« zu bereiten, das war eine Art der Entwirklichung, der unauflöslichen Verbindung von *popular culture* und Krieg/Politik, in der sich der Mythos verselbständigte. So hatten es die amerikanischen Besatzungssoldaten schwer, Deutschland nicht als von einer Art Gangstergruppe beherrschtes idyllisches Ländchen in der Art von Doctor Dooms Transsylvanien zu erleben, denn Faschismus als Gesellschafts- und als Wahrnehmungsform war nur schwer vorstellbar.

Das erklärt auch ein wenig, wie sehr sich die Produkte der amerikanischen und der deutschen populären Kultur in der Nachkriegszeit gegenseitig zu einem großen Projekt zu ergänzen vermochten. Der amerikanische Kriegsfilm zollte, wenn er es nicht sowieso vorzog, wie in manchen Western gewohnt, den Feind nur als vage Bedrohung von unklarer Gestalt anzudeuten, dem militärischen Gegner beinahe immer Respekt; nach der Mitschuld des Militärs an den Verbrechen des deutschen Faschismus fragte er in der Regel nicht.

Im September 1942 hieß es in einem Memorandum des »Office of War Information«, daß der endlosen Reihe von Filmen über Spione und Saboteure im eigenen Land keine Filme gegenüberständen, die »der Natur des Faschismus und der wahren Stärke unserer Feinde« gewidmet waren. Tatsächlich mußten Hitler und die seinen als aufgeblasene Kasperle erscheinen, während sich das Bedrohungsgefühl diffundierte, die militärischen, physischen Aufgaben waren allzu leicht zu lösen, hatte man

Captain America, Superman und Daffy Duck auf seiner Seite. Für die ernsthaftere Bearbeitung der historischen Erfahrung von Krieg und Faschismus wurde dann gerade der Wirklichkeitsschock, die grenzenlose Desillusionierung zum eigentlichen Thema. Aber gerade die Unklarheit dieses Bildes, das Verschwimmen der Fiktionen und Realitäten, verstärkte das Gefühl einer formlosen Bedrohung, zumal sich im Bild des sowjetischen Kriegspartners ständige Akzentverschiebungen ergaben. Von den Bildern in den Jahren um 1940, in denen Stalin als Verbündeter Hitlers angesehen wurde, über Filme wie Michael Curtiz' »Mission to Moscow« (Botschafter in Moskau. 1943), wo es um die moralische Rehabilitierung des Kriegsverbündeten geht, bis zu der bald nach dem Krieg ausbrechenden antikommunistischen Säuberung reicht der Weg.

Was für die Filme und Radioserien galt, das galt natürlich auch für die Comics, die es gerade in diesen Jahren zu einer boomartigen Verbreitung als selbständiges Medium brachten (vgl. das Kapitel »Nazis und Comics« in »Tanz den Adolf Hitler«). Bemerkenswert auch, daß in den englischen und amerikanischen Comics das Feindbild des blutrünstigen Asiaten, des Japaners vor allem, viel ausgeprägter ist als das Feindbild des deutschen Faschisten. Während nämlich der asiatische Feind als Vertreter einer Rasse erscheint, wird der Nazi eher als Vertreter einer Klasse, gern mit Monokel und Reitstiefel als »preußischer« Junker gezeichnet, einer Klasse, die man im eigenen Land erfolgreich überwunden hatte. Es ist die Uniform, die den deutschen Faschisten macht, und es ist die »Natur«, die seinen japanischen Verbündeten macht. Der böse Deutsche schien sehr nahe dem Bild, das Erich von Stroheim in der Ikonographie des Films hinterlassen hatte, ein dekadenter, teuflisch planender Roué, fast immer adelig wie der »von Trepp« aus der propagandistischen Serie »Blackhawk«.

Das generierte einen bizarren Umkehreffekt. Der deutsche Faschismus war in seiner späteren Bearbeitung durch die deutsche Kultur als eher proletarische, jedenfalls als Massenbewegung identifiziert worden, und in unseren Bewältigungs-Mythen hatten die aristokratisch-feudalistischen Altnationalen sowohl in den Kriegsfilmen als auch in den Heimatfilmen die Funktion der Widerparts. So wie in den amerikanischen Comics die schurkischen Deutschen aussahen, so sahen in den deutschen Trivialepen die alten, nicht-kommunistischen und daher guten Widerstandskämpfer aus. Die aristokratische Attitüde, die in der amerikanischen *popular culture* gerade den faschistischen Deutschen charakterisierte, bewahrte in der deutschen populären Kultur den soldatischen Menschen davor, als Faschist identifiziert zu werden. (Insofern beinhaltet Sam Peckinpahs Spät-Kriegsfilm »Steiner«, auch wenn er nach den Regeln eines Westerns funktioniert und dem Mythos sehr viel mehr als der Aufklärung verpflichtet ist, eine außergewöhnliche Bearbeitung, weil er das Verhältnis zwischen dem preußischen Adeligen – von Maximilian Schell verkörpert – und dem proletarischen Soldaten genauer untersucht.)

Die Bilder, die im Krieg über den Faschismus entstanden, spiegeln nicht zuletzt die territoriale, historische und kulturelle Situation der sie produzierenden Länder wieder. In den amerikanischen Filmen war der deutsche Faschismus vor allem Ergebnis einer Art Gangster-Verschwörung, dem mit welt-polizeilichen Mitteln zu begegnen war. Man sah Terrorismus und Folter in einer Art, die Underground war (ganz direkt folterten die Nazis in den amerikanischen Filmen am liebsten in verborgenen Kellern und in Ruinen), während weder der monumentale Charakter (der gewaltige Kitsch der Aufmärsche und Bauten) sonderlich zur Kenntnis oder gar als Teil der Bedrohung gesehen werden konnte noch der Zusammenhang von Kapitalismus und nationalsozialistischer Herrschaft. Der gute Amerikaner mußte sich, um dieses Gangstertum aus der Welt zu schaffen, vorübergehend in einen Soldaten verwandeln, aber er verlor nie die Verbindung mit der Heimat und der Familie, nie war der Krieg, wie im faschistischen Film, das ganz andere, die Erfüllung seiner männlichen Seele (darin ist der Soldat des Propagandafilmes dem Westerner verwandt, der nie seine Identität in der Gewalt findet, sich ihr immer nur in der Not und zum Besten aller stellt). Schon in seiner nachlässigen Art der militärischen Kleidung, in seiner scheinbar eher undisziplinierten, individualistischen und leicht tänzerischen Art, sich zu bewegen, die dem Marschieren eigentlich widerstrebt, deutet er seine individuelle Überlegenheit an. Der Krieg wird von den Amerikanern gewonnen, nicht weil das Individuum sich dem Kollektiv unterordnet, sondern weil das Kollektiv sich aus solch prächtigen Individuen formt.

Noch stärker ist die Beziehung zwischen militärischer und ziviler Identität der Helden in den britischen Propagandafilmen. Sie geben so direkt die Erfahrung einer Invasionsdrohung wieder, daß sie auf die Konstruktion eines Feindbildes fast gänzlich verzichten können. Der Brite verwandelt sich nicht in den Soldaten, der die »home front« verteidigt, er ist es von vorneherein. Die Solidarität der Briten etwa in den scheinbar so wenig wirklich »propagandistischen« Filmen von Humphrey Jennings, erscheint ebenso selbstverständlich wie der Umstand, daß das zivile Leben weitergeht. Der Flugabwehrbunker und der Mähdrescher bilden in »Listen to Britain« (1942) eine ästhetische Einheit, in der eines das andere erklärt, in einer spezifischen Umkehr der faschistischen Einheit des Eisens von Kanone und Pflug. Und in den Aktionen obsiegt das Professionelle über das Ideologische, man tut, was zu tun ist, um die Grenze der Freiheit gegen den Faschismus zu verteidigen.

Beide Positionen müssen freilich darin versagen, historische Lehren aus dem Geschehen zu ziehen oder den Faschismus auch nur in Ansätzen zu »verstehen«. Im britischen Propagandafilm ist der deutsche Gegner ein in Struktur und Erscheinungsbild durchaus verwandtes Ensemble in einem Wettkampf, der professionell und »sportlich« sein könnte, wenn sich dieser Gegner nur nicht stets als so ungeheuer unfair herausstellen würde, daß er des wirklichen Wettkampfes nicht würdig ist. So bedient sich in »Western Aproaches« (1944, Regie: Pat Jackson) ein deutsches U-Boot eines Rettungsbootes mit englischen Schiffbrüchigen als Köder, um Schiffe, die zu ihrer Rettung kommen, torpedieren zu können. Bemerkenswerterweise signalisiert auch dieser Film die Schuld nicht bei der U-Boot-Besatzung, sondern sozusagen bei den Coaches im Mutterland. Den Vorschlag einer individuellen, vom Sieg des Gewissens über den Befehl bestimmten Dissidenz, wie in den amerikanischen Phantasien, macht der britische Film nicht.

Die faschistische Ästhetik, das Ornament der Massen, wurde auch hier vor allem als komisch empfunden. In »(Swinging the) Lambeth Walk« (1940) von Len Lye wird durch Rhythmisierung und Veränderung der Geschwindigkeit aus dem Schluß von Leni Riefenstahls »Triumph des Willens« eine furiose Musical-Nummer mit komisch tanzenden Soldaten. »(Swinging the) Lambeth Walk« ist eine der wenigen Versuche, sozusagen dekonstruktiv mit Zeugnissen der faschistischen Ästhetik umzugehen, was, nachdem das wahre Ausmaß der faschistischen Verbrechen bekannt geworden war, als »Blasphemie« den Opfern gegenüber galt und auch heute noch gilt.

In den Propagandafilmen zeigen sich überdies auch die temporären Stärken der jeweiligen Cinematografien, die Kunst der analytischen Montage in der UdSSR, die Kunst der Glamour-Phantasie der amerikanischen *popular culture* und die Kunst des humanistischen (wenn auch im Grunde apolitischen) Dokumentarismus in Großbritannien. Die Selbstreflexion war dabei stets stärker als die Identifikation des Gegners, den man weder ausrotten noch sich selbst im Kampf gegen ihn wandeln wollte.

Genau dies aber ist das Wesen der deutschen Propaganda. In Fritz Hipplers »Feldzug in Polen« (1940) ist bei einem ausgesprochen ungleichen Waffengang schon davon die Rede, der deutsche Soldat kämpfe »todesverachtend«, »erbittert« und unter »ungeheuren Strapazen«, während umgekehrt die »Durchschlagskraft deutscher Geschütze« gerühmt wird. Der Mensch ist offensichtlich schon in diesem frühen Stadium des Krieges nur dazu da, zu leiden und sich selbst zu opfern, den Sieg erringt eigentlich nur die Maschine.

Tatsächlich kehrt auch hier sich das Feindbild vollkommen um. Während insbesondere amerikanische und britische Filme darauf bestehen, ihren Helden eine zivile Identität zu lassen, zeigt der deutsche Propagandafilm des Krieges einen deutschen Soldaten, der nichts anderes mehr ist als Teil der Kriegsmaschine in einer Welt des »ganz anderen«. Und folgerichtig sind ihm die Feindbilder (neben den »Untermenschen« wie den »drekkigen« Polen in »Feldzug in Polen«) durch und durch zivil: Herren in Nadelstreifenanzügen wie in »Sieg im Westen« (1941, Regie: Sven Nolan), britische Diplomaten, die das deutsche Reich aufteilen wollen. Die Todessehnsucht, die Lust am großen Opfer, am eigenen Verbluten, ist also vielleicht gar nicht erst die seltsame Ästhetik des Zusammenziehens nach der großen Expansion in den letzten Jahren und Monaten des Krieges, sondern möglicherweise schon von Anfang an im deutschen Propagandafilm eingeschrieben.

Gewiß also »sprechen« die Bildmaschinen, die die Parteien im Krieg bedienten, von sehr unterschiedlichen Haltungen und Absichten. Und doch war (und ist) der Bilderbrei, das symbiotische Einander-Durchdringen von faschistischen und antifaschistischen Bildern, kaum zu klären. So entsteht die seltsame Situation, daß verschiedenen Arten von Propagandafilmen der Alliierten und die deutschen faschistischen Propagandafilme oft das selbe Bildmaterial verwenden, und einander doch nicht im geringsten »verstehen«. Gerade das, was sich der britische Dokumentarfilm und dann der amerikanische und britische Kriegsspielfilm nach dem Ende des Zweiten Weltkrieges erträumen, nämlich, daß es dabei bloß um einen Krieg gegangen sei, erweist sich als Illusion. Der Faschismus und seine Gegner haben, mythisch wie ästhetisch, ganz unterschiedliche Kriege gegenein-

126

ander geführt. Und was sich schon während des Krieges verhängnisvoll auswirkte, gleichsam als eine Unklarheit im Frontverlauf des »Kriegs der Bilder«, das mußte sich verstärkt in der historischen Bearbeitung dieser Bilder zeigen, als die Unmöglichkeit, Bilder produzierend sich von der Bildwelt des Faschismus zu distanzieren oder diese Bildwelt anders als an der rhetorischen Oberfläche zu kritisieren.

Im amerikanischen und britischen Krieg geht es um den Triumph des Einzelnen über die Masse und über das Böse (im angelsächsischen Kriegsfilm kommt immer mehr auch das Böse in den eigenen Reihen und in sich selbst hinzu). Im sowjetischen Krieg geht es um die Verteidigung des Kollektivs, der Klasse und des Systems, dem sich der Einzelne zu opfern hat, auch wenn er dafür beweint werden muß. Im faschistischen Krieg geht es, wie Leni Riefenstahl schon in »Triumph des Willens« so anschaulich zeigt, um das Verschwinden des Einzelnen, um die Kreation des »ganz Anderen« in der Choreografie des Opfers. Die kollektive Bewegung verschlingt den Einzelnen, dessen Tod das große Denkmal des Faschismus nur monumentalisiert. In russischen Propagandafilmen kommen, undenkbar für das deutsche, faschistische Pendant, Mütter vor, die um ihre Söhne trauern. Die faschistische deutsche Frau hat ihre Söhne von vornherein für den soldatischen Tod geboren (ihrer »stolzen Trauer« wird kategorial im »Wunschkonzert« gedacht).

Auch in der Sowjetunion begann in den dreißiger Jahren eine rege Produktion von antifaschistischen Filmen durch deutsche Emigranten, vor allem bei der Meshrabpomfilm, die schon in den zwanziger Jahren mit der deutschen Prometheus und der proletarischen Filmbewegung zusammengearbeitet hatte. In Filmen wie Erwin Piscators »Der Aufstand der Fischer von St. Barbara«, der 1933 fertiggestellt wurde, treten materialistische Analysen an die Stelle moralische Appelle: »Frei nach der Seghers-Novelle zeigt der Film die Zerstörung kleinbürgerlicher Illusionen, das Bündnis erbitterter, ausgebeuteter Kleinbürger mit revolutionären Arbeitern. Gleich einem Modell werden soziale Vorgänge im Vorfeld einer fiktiven Revolution durchgespielt: Streik und Streikbruch, aufständisches Matrosenproletariat und die Uneinigkeit der selbständigen kleinen Fischer, die vom Großunternehmer ausgebeutet und manipuliert werden, der Terror des Militärs, revolutionäre Agitation, der endliche Aufstand der Unterdrückten. Wenngleich dieser ›Lehrfilm der Revolution‹ (Gregor/Patalas) diese Vorgänge nicht immer künstlerisch bewältigen kann, gewinnt er dominierend Überzeugungsfähigkeit und politische Verve, die mit Methoden sowjetischer Stummfilmkunst fundiert sind. Der soziale Prozeß selbst wird zum Gegenstand der Darstellung – wie in Eisensteins Stummfilmen, die ihm freilich die Kraft authentischer Geschicklichkeit voraushaben. Auch Piscators Film basiert auf dem Abbild von Massen, die bis zu cholerischer Artikulation gesteigert sind. Ihnen treten die Vertreter der Reaktion als Typen entgegen, und aus ihnen erwachsen ihre Protagonisten als sozial repräsentative Individualitäten, wie sie für die revolutionären Stummfilme charakteristisch waren« (Wolfgang Gersch). Aber diese Tradition des politischen Films konnte auf die Darstellung des Faschismus nicht wirklich angewandt werden, die politisch-ökonomische Genesis dieser »Bewegung« mußte an der Wirklichkeit und an den Bildern der nationalsozialistischen Inszenierung abprallen (so wie eine psychoanalytische Deutung an einem Mord abprallen muß).

Die drei so unterschiedlichen Versuche zur Produktion »antifaschistischer Bilder« zeigen jeweils Aspekte und scheinen andere überdecken zu müssen:
• die argumentierende Umwertung der ursprünglich vom Faschismus selber produzierten Bilder, die unter anderem daran krankt, daß der textuelle und der symbiotische Bild-Code unabhängig voneinander zu wirken vermögen,
• der »Einbau« faschistischer Personen, Zeichen und Inszenierungen in einen Zusammenhang der populären

Kultur, die nicht nur entwirklicht und enthistorisiert, sondern immerhin an die individuelle Verantwortung erinnern kann,

• die Schilderung von gezielt für Interessen politischer und sozialer Gruppen eingesetztem Terror und dem Leid der Opfer, die zu leicht ein unverbindliches Bild allgemeinen menschlichen Leidens unter dem Menschen und zur Überdeckung geradezu herausfordern.

Die erste Erfahrung im Krieg der Bilder nach dem Krieg der Waffen war es also, daß ein »ganzes« Bild vom deutschen Faschismus ebenso wenig zu erhalten war wie ein »sachliches«. Und die Schere zwischen Abbildungsverbot und Verdrängungskultur begann sich zu öffnen.

Der Holocaust als Soap-Opera

Bildersturm und leeres Zentrum

Wir waren aufgewachsen mit einem seltsamen »wissenden Nichtwissen«. Auschwitz war ein Endpunkt nicht nur des Lebens, sondern auch der Sprache und des Bildes, von Erzählen und Zeigen; es war ein Schatten, aber auch ein leeres Zentrum des Lebens und Denkens, ein Totempfahl des Grauens, das Über-Verbrechen, gegenüber dem alles sich relativieren mußte.

Woher kam das Bild von Auschwitz in unseren Köpfen? Etwa aus Erwin Leisers präzisen, längst kanonisierten Filmen »Mein Kampf«, »Deutschland, erwache!« und »Eichmann und das Dritte Reich«, aus Resnais' »Nacht und Nebel« (1956), einer ruhigen, trauernden Dokumentation, die zumindest unter Cineasten bekannt war, oder aus Michail Romms sarkastischem Schlag »Der gewöhnliche Faschismus« (1965), der zum Grundrepertoire antifaschistischer Medieninstallation gehörte?

Das Repertoire der antifaschistischen Bildproduktion war überaus schmal; wir hatten unsere Vorstellungen aus der Novelle »Das Brandopfer« (1954) von Albrecht Goes und ihren Verfilmungen, aus »Das Tagebuch der Anne Frank«, das in den USA eine Verfilmung erfahren hatte, und in der Bearbeitung von Ernst Schnabel, »Anne Frank – Spur eines Kindes«, die auch hierzulande verbreitet war. Theodor W. Adorno erzählt von einer Frau, die nach dem Besuch der Theaterfassung meinte: »*Dieses* Kind hätten sie doch am Leben lassen sollen.« Erst später folgten Theaterstücke wie Rolf Hochhuths »Der Stellvertreter« (1962) oder gar Peter Weiss' Auschwitz-Oratorium »Die Ermittlung« (1965) und Krysz-

130

tof Pendereckis Komposition. Aber da war der Konsens zwischen der allgemeinen, pädagogisch und kulturell abgesicherten Kultur und der Kultur der kritischen Dissidenz schon verloren. Den »Stellvertreter« drückte uns als Buch kein Lehrer mehr in die Hand.

Wir haben Bilder von Filmdokumentationen im Kopf, die leeren Augen, die ausgemergelten Leiber der Überlebenden, die von Bulldozern zusammengedrückten Körper der Getöteten, der Stacheldraht, die Wachtürme, das höhnische »Arbeit macht frei« über den Lagertoren von Theresienstadt und Auschwitz. Wir lebten in einer Mythologie des Leidens, und wir lebten vergleichsweise gut mit den Phantasien des leidenden Juden und seines gesichtslosen Peinigers, in der untersten Ebene der Trivialkultur so blond und blauäugig, wie sowieso kaum Deutsche sind, und schon gar niemand von der faschistischen Führungsriege, der zu identifizieren war und in der pädagogischen Kultur mit Riten der Zerknirschung, die sich dort ins Existentielle und hier ins Melodramatische weitete und stets ins Religiöse führten. Wie zufrieden doch die Gesichter oft unter den Trauerschleiern waren!

Wie gut es sich mit der Mythologie des Leidens leben läßt, kennen wir aus der Geschichte zu Genüge. Der enorme Erfolg von Harriet Beecher-Stowes »Uncle Tom's Hut« wird im nachhinein als bedeutender Beitrag zur Befreiung der Sklaven in den USA gedeutet. Historisch verbürgt dagegen sind eher jene Leser, die bei der Lektüre schluchzend zusammengebrochen waren, ihre eigenen Sklaven deswegen aber nicht weniger drangsalierten. Und im amerikanischen Westen hatten Theaterstücke mit edlen Häuptlingen und ihren unter weißen Schurken leidenden Töchtern enormen Zulauf, was niemand hinderte, im Anschluß an die Vorführung hinauszugehen, um ein paar Rothäute abzuknallen. In der deutschen Kultur gelang es, über das Tagebuch der Anne Frank zu heulen und vom Faschismus nichts zu wissen. Wenn es einmal gelungen ist, die Bilder des Leidens an die eine oder andere melodramatische Ursituation zu binden, verlieren sie ihre historische und moralische Verbindlichkeit; in den Leidensbildern der Opfer im Konzentrationslager konnte, wer wollte, ein allgemein menschliches, ein religiöses Opferbild sehen, dessen Schein der Erlösung auch den Betrachter selber trifft, selbst wenn er in der Genealogie der Täter steht. Die Mahnmale für die Opfer können nichts anderes als ein allgemeines menschliches Leiden symbolisieren und das Leiden somit frei verfügbar machen.

Auf einer verwandten Struktur funktioniert die Überführung des Entsetzens in eine Form des »Thrill«. Spiegelverkehrt zum Opfer, das sich in einer so allgemeinen, mit den immergleichen Zeichen belegten Passion zeigt, wird das Böse in eine Form des Dämonischen und Abstrakten projeziert. Es ist darin die Zusammenfassung des verdrängten Bösen in einer maschinellen, technischen Variante. So entstehen Bilder, die nicht das Unerträgliche in der Geschichte bezeichnen, sondern das Opfer und das Böse in seiner reinen, metaphysischen Form.

Die Prozesse, die geführt wurden, waren keine Prozesse der Erinnerung, sondern solche der Mythisierung. Der »Eichmann-Prozess« in Jerusalem zum Beispiel schien eher die Schlagkraft des israelischen Geheimdienstes zu zeigen als einen vielleicht erneuten Schock der Erinnerung auszulösen, und paradoxerweise war es gerade diese Stärke des neuen jüdischen Staates, der einen doppelten neuen Antisemitismus und eine Variante der Entschuldung möglich machte: Israel war der Staat der guten Juden; sie trugen Uniformen, waren bewaffnet, kämpften gegen Araber um »Lebensraum«; die guten Juden waren territorial, und vor allem, sie hatten nicht nur eine Nation, sie waren auch durchaus nationalistisch. Die Existenz von Israel gab dem neuen Antisemiten (der zumeist der alte war) das Recht, das »Juden raus« neu zu mythisieren. Der schlechte Jude, der nicht nach Israel ging, war zugleich der Verräter an der neuen nationalen Sache der guten Juden, und zu den Neukonstruktionen der faschistischen Mythen ge-

hörte die überkolportierte Geschichte von dem israelischen Offizier, der seinen Haß auf die »assimilierten
Juden« ausdrückt, die in ihren Geburtsländern blieben,
anstatt in der Wüste die Grenzen zu verteidigen. Die
Gründung eines bewaffneten und technologisierten
jüdischen Staates machte auf der anderen Seite aber
auch eine Bestärkung des Entschuldungsmythos' von
der Schuld der anderen möglich; war nicht auch der
isrealische Staat rassistisch, hatte nicht auch er »Konzentrationslager« für die Palästinenser errichtet? Und
das Massaker in den Palästinenserlagern bot sich der
Entschuldungskonstruktion aus Schuldaufrechnung
und heimlicher Bewunderung förmlich an.

Der »Staat Israel« war von Beginn an als semantische
Besonderheit identifiziert, die im Elternhaus, in der
Schule und in den Medien der fünfziger und sechziger
Jahre gepflegt wurde. Kein Mensch sprach vom »Staat
Frankreich« oder vom »Staat Argentinien«, aber Israel
wurde stets nur als »Staat Israel« bezeichnet, so als
müsse man da sehr genau zwischen Staat und Volk
unterscheiden und diesen Staat vom »Judentum« ab-
rücken. Die beiden Worte »Israel« und »Staat« hoben
sich sozusagen gegenseitig auf; es war ein rettendes
Paradox, ein neuer Mythos der Auferstehung, in denen
Täter und Opfer als Verbündete erschienen. Der »Sinn«
der Geschichte erfüllte sich für den rechten Deutschen,
indem sich der unklare, gefährliche Jude in einem eigenen militarisierten Staat aufhob. Deshalb haßte die
Rechte auch jede Kritik an diesem Staat, in dem im
Wesentlichen ja die Schuld aufgehoben war. Der Faschismus hatte den Juden die Staatlichkeit beigebracht
und damit einen Diskurs der »endgültigen« Trennung
ermöglicht (der gute Jude im Staate Israel hat vor lauter
Kampfgeist keine Zeit zurückzublicken), und wer dies in
Frage stellte, mußte zum Feind werden. Nun machte
auch die Doppelexistenz des »Jüdischen« möglich, daß in
der Kultur der Entschuldung jeder jeden einen »Antisemiten« heißen durfte, was zur Folge hatte, daß sich das
Problem wohlfeil in Taktik auflösen ließ.

Der »Staat Israel« gab also bis zu einem gewissen Punkt dem Faschisten in der deutschen Nachkriegsfamilie recht. So war der Fluß der Nachrichten aus Gegenwart und Vergangenheit zu steuern. Historische Parabeln flottierten, Gleichungen wurden aufgestellt. Was verhindert wurde, war die Vorstellung, daß die historischen Täter eben jene Menschen waren, mit denen man den Alltag teilte, von denen man abhängig war, die man in der einen oder anderen Weise auch lieben sollte und mußte: die Eltern, die engsten Verwandten, die Lehrer, die Ärzte, die Pfarrer usw. Wir lebten in einer gemeinsamen Kultur und mußten also spannungsvolle Mythen gemeinsam benutzen, um an der Wahrnehmung der Welt nicht zu zerbrechen. Die Entschuldungsmythologie war also nicht nur eine »Erfindung« der Täter, sondern an ihr arbeitete, wenn auch modifzierend, auch die nächste und übernächste Generation. Die Frage war: Wie kann ich gleichzeitig das Verbrechen des Faschismus als solches annehmen und verurteilen und meinen nächsten, von denen ich abhängig bin, bis zu einem gewissen Grad Absolution erteilen? Oder anders: Wie, wenn ich nicht an der bloßen Tatsache, daß Auschwitz geschehen ist, den Verstand verliere, kann ich verhindern, den Verstand dabei zu verlieren, mit denen zusammenzuleben, die Auschwitz möglich machten und denen es so verdammt leicht fiel, ohne Reue und ohne Strafe zu leben? Gewiß gab es dabei enorme Konflikte, entstanden neurotische Strukturen in den Familien, die ihrerseits wiederum Teil der deutschen Kultur wurden, aber selbst die Geste der radikalen Abkehr von der Elterngeneration war nicht davor gefeit, so etwas wie Nähe und persönliche Vergebung hinzunehmen. Waren wir nicht Fleisch vom Fleisch der Faschisten? Wir mußten nicht nur in der Entschuldungsmythologie leben (wenn auch sie hier und dort sabotierend, so doch immer das eigene Überleben im Visier), wir mußten selber einen Teil der Entschuldungsarbeit mittragen. Der große Erfolg der Entschuldungsmythologie bestand unter anderem darin, daß sie die nachfolgende Generation zwang, mitschuldig zu werden in der Konstruktion einer Kultur, die zum einen aus einer manischen Produktion von Bildern der Versöhnung, der Legitimation, der Umdeutung und Übermalung, zum anderen aus einem Bilder- und Sprechverbot um die leeren, metaphysischen oder melodramatischen Zentren der falschen Passion herum bestand. Selbst der Antifaschismus war da gelegentlich auch ein wenig Verkleidung, wo er als Geste und Form gerade dies zum Inhalt hatte: die Verschiebung der Schuld von Individuen auf Systeme, Zustände und Abstraktionen, vom Kapitalisten auf das Kapital, vom SS-Mann auf den SS-Staat, vom Vater auf das Patriarchat. So umfaßte selbst noch der Vulgärmarxismus der jugendlichen Opposition eine Strategie der Entschuldung: Der Mensch ist gut, das System ist böse. Und wer den Faschismus als System kritisierte, konnte davon absehen, wie sehr er das Ergebnis konkreter, individueller menschlicher Entscheidungen war, wie sehr der Faschismus den Menschen entsprach, die ihn lebten. In dieser Situation wurde jede ästhetische Produktion, die den Konsens oder das Patt der Waffen in Frage stellte, zugleich ersehnt und gefürchtet. Niemand hörte auf solche Botschaften, aber alle stürzten sich darauf.

Faschismus, reich bebildert

So war der Stand der Dinge. Eine trügerische Ruhe in einer Welt, in der sich die grundlegenden familiären und politischen Konflikte in einer abstrakten Formen- und Distanzierungssprache ausdrückten und in der die jugendliche Revolte zugleich Modernisierung von Politik, Kultur und »Sitte« einleitete und als Schauspiel die Wandlung der Gesellschaft nach rechts überdeckte. Als die amerikanische Fernsehserie »Holocaust – Die Geschichte der Familie Weiss« von Marvin Chomsky über die deutschen Fernsehbildschirme lief, mußte sie dreifach Skandal machen: 1. Im Format einer »Soap Opera« mit ihren Typisierungen und fixen dramaturgischen

Gewohnheiten über den Holocaust zu erzählen, war ein heftiger Verstoß gegen das Bilderverbot und erfüllte den gefürchteten Tatbestand der »Trivialisierung«. (»Schindlers Liste«, so Andreas Kilb später in der *Zeit*, »erlöst uns von ›Holocaust‹«, so als wäre nicht das Verbrechen, sondern seine Darstellung in der populären Kunst die wahre Schuld, die der Erlösung bedarf.) 2. Es war eine Produktion der »Sieger«, eine Anklage und eine späte Fortsetzung der »reeducation«, gegen die man sich mit Hinweis auf die Kommerzialität des blasphemischen Unternehmens verwahrte. 3. Das Format der Soap Opera eignete sich gewiß kaum zu einer Analyse des Systems und seiner Ursachen. Wovon es sprach, das war vor allem das Individuelle der Schuld. Und gerade dieses Individuelle der Schuld war in den Konfrontationen um die Erinnerung in Deutschland gleichsam in beiderseitigem Einverständnis herausgekürzt worden.

»Holocaust« also führte zu einem möglichen Ende der Abstraktion in der antifaschistischen Arbeit, und es war in einem Bereich zu erleben, den wir vordem eher der Kontinuität als der Distanzierung zugeordnet hatten, in der *popular culture*. Die Serie traf indes auf ein Klima, in dem es bereits so etwas wie einen Paradigmenwechsel in der Darstellung des Faschismus gegeben hatte. Dem Fragmentarischen und Collagehaften wurde nun in eine mythische Ganzheit entflohen, die etwas aufgriff, was in der ersten Konstruktion der Entschuldungsmythologie nicht vorhanden war, nämlich ein bizarres Bekenntnis zur »Faszination« des Dritten Reiches. Sie spiegelte sich etwa in den Bildbänden in der Nachfolge von Joachim C. Fests »Das Gesicht des Dritten Reiches«. Der Faschismus wurde nach und nach als Bild wieder präsent, zwischen Buchdeckeln, auf der Leinwand und in großformatigen Illustrierten wurde, im Text nur leise widersprochen, der Triumphalismus und die Ornamentik des deutschen Faschismus konsumierbar gemacht. Damit war ein neuer mythischer Diskurs eröffnet: Der nachgeborene Deutsche, so hieß es früher, könne über die Schuld der deutschen Faschisten und ihrer Mitläufer nicht sprechen, weil er ja nicht dabeigewesen sei, weil er die Angst um sein Leben und das seiner Familie ebenso wenig kenne wie die Gutgläubigkeit und den Idealismus von Menschen, die »so erzogen« waren. Nun aber kokettierte die populäre Kultur mit der Faszination des Bösen, wie um zu sagen: Seht Ihr, wenn Ihr dabei gewesen wäret, hätte Euch der semiotische und kulturelle Strudel ebenso mitgerissen wie uns. Die Faszination der »reichen Bebilderung« des Faschismus war indes selbst nichts anderes als eine mythische Identifikation des Tabuisierten. »Faszination« als Reaktion schien ein aufgelöstes semantisches Feld, das versprach, die Widersprüchlichkeit der Empfindungen nicht weiter bearbeiten zu müssen.

So mußte Joachim C. Fests Hitler-Film als so etwas wie eine Sollbruchstelle in der Mythologie der Entschuldung wirken. Er fand seine Kritiker natürlich vor allem in der Linken. Bemerkenswerterweise wendet man sich gerade dort am Ende der siebziger Jahre vehement gegen die Kollektivschuldthese. Die Vorstellung von einem geschlossen hinter der Idee und Praxis des Faschismus stehenden deutschen Volkes sei, so Lasse Stiinsort in einer Besprechung in der *filmfaust*, »in die Köpfe der Deutschen gehämmert.« (Schon in der Sprache gibt es ein seltsames Echo auf die militanteren Formen der Entschuldung auf der Rechten: Das Falsche, das gewaltsam von außen kommt und die Konstruktion der Selbstidentifkation stört, wird verdammt, um dem eigenen ideologischen Konstrukt Raum zu verschaffen.) In Fests Film entsteht in der Tat ein »bruchloses« Bild des Faschismus, das seine kritischen Intentionen auf den Kopf stellt und zu einer mythischen Gemeinschaft zwischen Volk und Führer ummünzt, deren Tragödie im Krieg, nicht aber in den Greueltaten und schon gar nicht in den Greuel-Gedanken der Faschisten liegt.

»In der Bundesrepublik steht Hitler wieder zur Diskussion«, stellt der Schweizer Kritiker Urs Jaeggi fest. Und: »Ob es sich bei der neuerlichen Aufbereitung allen verfügbaren Materials um einen neuen, distanzierten

Versuch von Vergangenheitsbewältigung, um eine raffinierte kommerzielle Aktion oder um eine bedenkliche Form von Nostalgie in einer sich wiederum nach Sicherheit, Autorität und Führung sehnenden Zeit handelt, ist kaum schlüssig festzustellen.« So genau wollten wir das auch gar nicht wissen.

Fests Hitlerfilm imitiert noch einmal symbolische Interaktion. Das »erotische« Verhältnis zwischen Volk und Führer etwa wird durch einen Schnitt zwischen Führer, gläubig aufblickenden Frauen und einem phallushaften Zeppelin illustriert, so als versuche jemand Leni Riefenstahl im Trash-Format zu kopieren. Die wiederkehrenden Schnitte der symbolischen Interaktionen überhöhen die Wirkung der faschistischen Inszenierungen und unterschlagen zur Gänze die ökonomisch-politischen Interessen der Banken, der Großgrundbesitzer, der Industrie und ihrer Rolle bei der Machtergreifung. Wenn man in der Entfaltung der faschistischen Bildwelten und ihrer planen Psychologisierung die »Faszination« des Faschismus in den Vordergrund gerückt hatte, war es schließlich tatsächlich möglich geworden, vom Faschismus zu reden und zugleich vom Kapitalismus zu schweigen. Von der Verfolgung und Ermordung der Juden ist in Fests Film kaum die Rede. Der Film zeigt die Inszenierung des Hitlerstaates, ohne hinter sie zu blicken: Hitler ist der Übermensch, Dämon, genialer Schauspieler, und das Volk ist die verführte Masse, ein Liebesspiel der Zeichen und Gesten findet da statt, das der Film so gut versteht, daß er es noch einmal spielen möchte: politische Pornographie.

Fests Film wurde zumindest auch als warnendes Beispiel aufgenommen: So fahrlässig konnte man mit dem Bildmaterial des Faschismus nicht umgehen, sollte überhaupt noch Aufklärung über das Bild funktionieren. Fatalerweise wurde durch solche cineastische Barbarei auf der anderen Seite das Bilderverbot heftig bestätigt. Der Faschismus bestand zu einem nicht geringen Teil in der Produktion seiner Bilder; sie sind auch durch eine neue Montage daher nicht ohne weiteres zu einer Aussage zu zwingen. Kontrastiert man sie einerseits mit den Verbrechen des Regimes und andererseits mit den Leiden der Menschen im Krieg, so entsteht in der Tat nichts anderes als ein neuerlicher Mythos von Aufstieg und Fall eines »prächtigen«, wenngleich bösen Reiches. Der Zuschauer ist in der Situation des Volkes, das der Inszenierung glauben muß, das durch seinen Glauben mitschuldig wird und am Ende in der Strafe (in den Bildern der Zerstörung) Erlösung findet. Die Ordnung des faschistischen Blicks und das Chaos der Ruinenwelt stehen einander als zwei Seiten einer Sache gegenüber, die durch den »demokratischen Wiederaufbau« nur überwunden werden kann, der zwischen den beiden Extremen liegt. Exakt dieser Vorstellung entspricht der Stil, die Ästhetik des Wiederaufbaus, die von beiden Zuständen ebenso weit entfernt sein will.

Auf den Mythos der »Faszination« fielen die Nachgeborenen ebenso gerne herein (und sie tun es mit wachsender Begeisterung noch immer) wie auf die Auflösung der Bilder des Faschismus im System und im Ornament. Daß diese Faszination indes wiederum den anderen Entschuldungsmythos »Wir haben von nichts gewußt« entscheidend entwerten hätte müssen, macht dort nichts aus, wo die Kultur selbst einen Weg ins Irrationale angetreten hat. Nicht umsonst geht die Beschwörung einer »Faszination« des Faschismus einher mit einer ersten Welle von Okkultismus, psychologischer Scharlatanerie und neureligiösem Sektierertum. Faszination wird in diesem Zusammenhang zur besten aller Entschuldungen.

Der wirkliche Skandal der Fernsehserie »Holocaust« war, daß sie in diesen Diskurs nicht paßte. An die Stelle der Diskussion um die »Faszination« trat durch sie wieder die Frage nach den Schuldigen, wenn auch in einer Form, die das »hohe Niveau« der Faschismus-Diskussion ebenso beleidigen mußte wie das Bilderverbot (das schon in der Abwehr der Faszinations-Mythen an Kraft und Luzidität eingebüßt hatte). »Die Fernsehserie ›Holocaust‹ war«, so schreibt Heinrich Nußbaum, »mehr eine

Gedenkfeier als eine Gerichtsverhandlung. Und sie vollzog sich, auch in der Bundesrepublik, in Abwesenheit der Täter gewissermaßen, in einem Klima und einem Rahmen, da die unbeteiligten Nachgeborenen den Ton angaben und der Heiligenschein kollektiver Unschuld auch für die als Erben der Opfer Auftretenden nicht mehr ohne weiteres zugestanden war.«

Zur Begleitmusik der Gedenkfeier indes gehörten auch Bombenattentate auf den Südwestfunksender Waldesch bei Koblenz und die Richtfunkstelle Nottuln bei München, die die angekündigte Ausstrahlung von »Holocaust« verhindern sollten.

Die Geschichte der Familie Weiss

Erzählt wird in der Serie, in der verschachtelten Spannungsdramaturgie des Mehrteilers, von zwei Familien in der Zeit des Dritten Reiches, der Familie des jüdischen Arztes Dr. Weiss, die die Verfolgung erduldet und deren Mitglieder zu großem Teil in den Konzentrationslagern und auf der Flucht umkommen, und der des Juristen Dorf, der vom unbeteiligten Zeugen zum Täter und zum Nutznießer des Faschismus und Mitarbeiter Heydrichs wird. In Teil 1 versucht Dorf noch, die Familie Weiss zu warnen und zum Verlassen Deutschlands zu überreden, nach der »Reichskristallnacht« gibt es auch für ihn keine Regung des Erbarmens mehr.

»Holocaust« war vor allem eine mit den Mitteln des Fernsehens vorgenommene fiktionale Verdichtung des einigermaßen gesicherten Wissens über die Vorgänge (weshalb sie automatisch »klischeehaft« wirken mußten). Das Problem dabei ist nicht nur die Dramaturgie, die eine bestimmte Identifikationshaltung mit sich bringt, sondern das Paradox der Suche nach Eindeutigkeit, die das bewegte Bild beim Betrachten auslöst: Das Filmbild selbst ist die Provokation einer mythischen Erklärung für das Gesehene. Im Bild des schwachen, vom Ehrgeiz seiner Frau getriebenen, spießbürgerlichen und Ichschwachen Dorf, der in der Mordmaschinerie der Nazis Karriere macht, wird wohl eine Facette im Wesen der Faschisten als das Erklärungsmodell schlechthin erscheinen müssen (und ein wenig ärgerlich in seiner Übermalung von puritanischen Mann/Frau-Bildern wirken), und die Schicksale der Familie Weiss, Gefangenschaft, Tod, Flucht, Widerstand, sind allzu sehr der bekannten mythischen Charakterisierung im Genre-Film unterworfen, um diskursive Ausbrüche aus der Dramaturgie zu gestatten.

Die Filme beschreiben individuelle Prozesse, Prozesse der Entscheidungen; ihre Suchbewegung gilt den Augenblicken, an dem die Menschen ihr Schicksal und ihre Moral noch frei bestimmten. Inga, die »arische« Frau von Karl Weiss, entscheidet sich, ihrem Mann treu zu bleiben bis in den Tod; Dorfs Onkel Kurt zeigt Menschlichkeit, tut aber im entscheidenden Augenblick zu wenig, um wirklich das Unrecht zu bekämpfen. Das Problem ist also eher, daß in »Holocaust« einerseits individuelle Schicksale und Entscheidungen zu sehen sind und andererseits der faschistische Staat, die Mechanik, die Inszenierung der faschistischen Macht. Nur von dem, was dazwischen liegt, die faschisierte Gesellschaft, kann der Film nichts vermitteln. Die Individualisierung ist das Endergebnis der Recherche noch auf dem Gebiet der Symbole. Als sich Inga Weiss ratsuchend an einen Pfarrer wenden will, der sich als Regimegegner gezeigt hat, erfährt sie, daß die Gestapo ihn verhaftet hat. Ihr Blick fällt auf zwei Fotografien, Papst Pius, der für das Konkordat mit den Faschisten verantwortlich ist, und Pater Lichtenberg, der sich den Nazis entgegengestellt hat. Die beiden Fotografien sind so einander zugewandt, daß es wirkt, als blickten die beiden widersprüchlichen Vertreter der katholischen Kirche einander an.

Der Mythos der Kollektivschuld als gleichsam auf den Kopf gestellte Version des »Wir haben von nichts gewußt« (im Sinne von: »Wir waren irgendwie alle gleich schuld«) fällt freilich unter solcher Individualisierung. Die Schuldfrage wird auf den einzelnen zurückverwiesen. Ein seltsamer Einwand, der oft geäußert wurde, besagt, die Figuren seien gerade in dieser Individualität gar keine Deutschen, sondern eher Amerikaner, weniger durch Faszination als durch vitalen Opportunismus, weniger durch Fanatismus als pragmatische Brutalität bestimmt. Wenn dieser Einwand stichhaltig ist, vermag er nichts anderes zu besagen, als daß der deutsche Mensch durch eine gleichsam natürliche Anlage zum Faschismus in seiner freien Entscheidung gehemmt sei (so wie sich Franz Lang in Kotullas Film »Aus einem deutschen Leben« darauf beruft, daß es ihm physisch unmöglich sei, sich einem Befehl zu widersetzen – es ist schwer, sich der »Deutschheit« dieser Aussage zu entziehen).

Der »Skandal« von »Holocaust« waren nicht allein das Unterhaltungsformat und die amerikanische Herkunft, sondern die Fiktionalisierung selbst. An die Stelle der stummen Abstraktion, des namenlosen Grauens treten Menschen, die in der Form, wie wir Menschen gewohnt sind, abgebildet werden. Und das »Heimtückische« ist, daß alle Figuren, Täter und Opfer, bis zu einem gewissen Grad zur Identifikation einladen. Sogar der eigentliche Schurke des Stücks, Erik Dorf (Michael Moriaty) wird so gezeigt, daß wir in jedem anderen Zusammenhang sein Verhalten wenn nicht billigen, so doch verstehen würden (daß er selber schwach und die eigentlich treibende Kraft hinter ihm der Ehrgeiz seiner Frau ist und er darob zum willenlosen Werkzeug des Faschismus wird, mag unter anderem Blickwinkel eine eigene Tücke aufweisen). Die Reduktion des Geschehens, das topographisch und historisch so viele Leidensorte des Holocaust wie möglich zu berühren versucht, auf die verschlungenen Wege der beiden Familien, intimisiert das Geschehen in gewiß unzulänglicher Weise, aber der Widerstand gegen solche öffentliche Intimisierung ist wiederum auch Teil der Konstanz in der deutschen Kultur.

Das amerikanische Fernsehen hat seit der direkten Nachkriegszeit immer wieder und in immer neuen Varianten der dem europäischen Geschmack so rüde erscheinenden Verbindung von Information und Unterhaltung, die Zeit von Faschismus und Krieg behandelt. Auch die rührende Wiedersehensshow »This is Your Life«, die ziemlich exakt auch vom deutschen Fernsehen imitiert wurde, war in den fünfziger Jahren Vehikel drastischer Erinnerungsarbeit, etwa wenn im Jahr 1953 eine ahnungslose Überlebende des Konzentrationslagers mithilfe eines schwergewichtigen Fotoalbums, Verwandten und Freunden vor der Kamera die Stationen ihres Lebens auszubreiten gedrängt wird, dem nach Israel ausgewanderten Bruder und dem Soldaten, der sie befreite, wieder begegnet. Die Wahrheit, verpackt in ein amerikanisches Show-Ritual, – vollständige Blasphemie und vollständige Reinheit berühren einander. Nicht einmal in allermildester, allervorsichtigster Form wäre so etwas im Fernsehen der Bundesrepublik denkbar gewesen.

So war es für das amerikanische Publikum keineswegs überraschend oder gar provozierend, den deutschen Faschismus und die Verfolgung und Vernichtung der Juden in der Form einer Soap Opera abgehandelt zu sehen – überraschender schien dagegen das durchaus distanzierte und informierte Bild der deutschen Gesellschaft zur Zeit des Faschismus, das sich von der gewohnten propagandistischen Karikatur abhob.

In den Reaktionen auf die Serie ereignete sich ganz Ähnliches, wenn auch in einer sehr unterschiedlichen Situation, wie später bei Steven Spielbergs »Schindlers Liste«. Die phänotypische Verwandtschaft der Reaktionen spricht für das Prozessuale und Selbstreferentielle der Kultur der Entschuldung. Es gab natürlich die unvermeidlichen Neurechten, die die Serie als »Verunglimpfung Deutschlands« darstellten und mit historischen Details triumphierten, die in der Serie verfälscht worden seien. Schon ein wenig komplizierter verhält es sich mit der Kritik am Herkommen der Sendung aus der großen Medienmaschine in den USA. Was sich freilich zunächst als Selbstkritik tarnte (Warum bringt *unsere* populäre Kultur so etwas nicht hervor?) oder als Kritik

143

an der universalen Vermarktungsstrategie der amerikanischen Medienkonzerne, denen nichts heilig ist, entpuppte sich als verklemmter Mythos neuer Phantasien von »nationaler Identität«. In dem Medienrummel, der durch die Serie entfacht wurde, fühlten sich eine Reihe deutscher Schriftsteller, darunter auch Grass, Böll, Lenz und Walser dazu aufgerufen, ihre Bereitschaft zu bekunden, an einem deutschen Gegenentwurf zum amerikanischen »Holocaust« mitzumachen. Da sollte alles besser gemacht werden. Geworden ist aus diesem Projekt nichts.

Wäre das Wesen der Serie tatsächlich nichts als »Trivialisierung« gewesen, so hätte sie gewiß nicht jenen heftigen Streit um Erinnerung und Darstellbarkeit ausgelöst, der zu einem Schlüssel für die Geschichte des Wissens in der deutschen Nachkriegsgesellschaft taugt. Die Serie fand nicht nur ein enormes Presseecho, sondern auch ihre Fortsetzung in wissenschaftlichen und pädagogischen Untersuchungen. Alle Welt redete von »Holocaust«, und zu ihrem Skandal gehörte es, daß die Serie, anders als »Schindlers Liste«, genau dorthin gelangte, wo die Entschuldungskultur ihren Kulminationspunkt hat, in das Herz der Familie. Über den heimischen Bildschirm ins Wohnzimmer zu gelangen oder dort verhindert zu werden, war das Schicksal und die Wucht von »Holocaust«. Heinz Höhne schrieb im *Spiegel*: »Erst seit und dank ›Holocaust‹ weiß eine größere Mehrheit der Nation, was sich hinter der schrecklichen und doch so nichtssagenden Bürokraten-Formel ›Endlösung der Judenfrage‹ verbirgt. Sie weiß es, weil die US-Filmemacher den Mut hatten, sich von dem lähmenden Lehrsatz freizumachen, daß der Massenmord undarstellbar sei.«

»Holocaust« traf also auf eine kulturelle Situation, in der der Kampf um die Entschuldung weitgehend geschlagen war und Nachhutgefechte in den eher entlegeneren Teilen der Kultur stattfanden, während der Mainstream der Gesellschaft sich bereits auf einen historischen Analphabetismus geeinigt hatte, der durchaus

dem im Herkunftsland vergleichbar ist, in dem beim
ersten Ausstrahlen der Serie Umfragen ergaben, daß
über ein Drittel der US-amerikanischen Bevölkerung
noch nie etwas vom Massenmord der Deutschen an den
Juden gehört hatte und ein Gutteil von denen, die davon
wußten, erheblich Zweifel hatten, ob es »wirklich« Ver-
gasungen und Konzentrationslager gegeben hatte. Die
»Befreiung«, die »Holocaust« bedeutete, verlor sich indes,
indem sie in die revitalisierte Entschuldungsmythologie
eingebaut wurde. In der Bundesrepublik hatte es bisher
nicht einmal ein Wort für den industriellen Völkermord
gegeben, jetzt war es gefunden, ein Wort, das doppelt
»fremd« und distanzierend, alles und nichtssagend ist:
»Holocaust«.

Neurechte Nebelkerzen

Aber diese verdächtig populäre Form der Aufklärung (zu
welcher wir uns in Anlehnung an Adornos Geschichte
eine andere Frau vor dem Fernseher vorstellen können,
die schluchzt: »Aber *diese* Menschen hätte man doch am
Leben lassen sollen«) provozierte schon damals das ob-
skure Potential an neuer Rechte in der deutschen Kultur. Gewehrt hat sich vor allem Hans Jürgen Syberberg,
der mit seinem Hitler-Film (man mag ansonsten dazu
stehen, wie man will) die Apotheose zum Diskurs der
»Faszination« geschaffen hatte: »Diese Mischung aus
Hollywood und Hitler, mit dem ursprünglichen Interesse
eines Geschäfts, da kann, und das sagt mir mein In-
stinkt, am Ende nichts Gutes herauskommen«, faßte er
»instinktive« Abwehr und rechte Mythen zusammen und
richtet im folgenden ein semantisches Chaos an, aus
dem man erst bei genauerem Lesen die rechten Denkfi-
guren herausfiltern kann. Eine elitäre Neufassung von
Entschuldungsmythologie und Faszinationsphantasie.
Er tadelt »die Sentimentalität, dies artige Strammste-
hen, diese Duckmäuserorgien und den Demütigungsfa-
natismus singulärer Art, diese obszönen Selbstbekennt-

nisse und dieses Selbstmitleid (...) Ich glaube, ich befürchte, daß am Ende etwas noch schlimmeres stehen wird als die gewisse Verdrängung, die wir alle beklagt haben vor der Ausstrahlung von ›Holocaust‹. Und ich wünsche mir manchmal diese schönen alten, gesunden aber klaren Verdrängungsmechanismen zurück. Der zu erwartende Katzenjammer wird ohnegleichen sein, oder sie gehen gleich zur nächsten Tagesordnung über, ohne Empfinden mehr für Berg und Tal der selbst verursachten Wellen.«

Syberberg behauptet, »der Mangel an Gegenstimmen macht die deutsche Reaktion verdächtig, in der Erbschaft Hitlers zu stehen«. Und er droht: »Kann sich denn niemand vorstellen, daß die Übersättigung an Auschwitz als Boom des Meinungs- und Medienmarktes zu neuem Antisemitismus führt als Gegenreaktion und Rettung der Schüler gegen die Verlogenheit der Eltern? Sind die Opfer nicht arme Hunde, die glauben, endlich beschäftige man sich mit ihnen, und in Wirklichkeit sind sie nur das Material von billigen Geschäften?«

Darin steckt nun in der Tat einiges mehr als die reaktionäre Verachtung der populären Kultur (und derer, die in ihr denken und wahrnehmen), wie wir sie aus dem rechten Lager gewohnt sind. Schon hier konstatiert ein deutscher Intellektueller, daß der Antifaschismus, wenn er denn populär würde, die Schuld am neuen Faschismus trage. Tatsächlich war die Reaktion der westdeutschen Kritik auf »Holocaust« in einer Weise verlogen: Man einigte sich darauf, daß die Form zwar schlecht sei, aber im Namen der Moral und ihrer massenhaften Verbreitung sei sie hinzunehmen. Auf den Gedanken, wenigstens zu überprüfen, ob das Format eine eigenständige Form und eine eigene Wahrheit habe, kam indes niemand. Und auch dies wiederholte sich in bemerkenswerter Weise bei »Schindlers Liste«, ein Unbehagen darüber, daß sich die populäre Kultur des Themas bemächtigt hatte, mit dem in der hohen Kultur nicht einmal mehr ein Skandal hervorgerufen werden konnte.

Syberberg aber geht in der revisionierenden Neuschöpfung der Entschuldungs- und Passionsmythologie noch weiter und entwirft schon im Voraus »Schindlers Liste« als Teil der Entschuldungsmythologie neuerer Fassung: »Und jenes erstaunliche Indiz, daß es in Österreich in der Diskussion nach ›Holocaust‹ möglich war, von den Opfern, und zwar auch im Radio, an ganz anderer Stelle, von SS-Leuten zu sprechen, die geholfen haben. Übrigens ein Fall, den ich auch aus Israel kenne nach der Vorführung des Hitler-Films, wo eine Frau zu mir kam, die das gleiche, natürlich immer sehr individuell, sagte: Dieser gute SS-Mann, den brauchen wir ganz dringend. Das ist, glaube ich, eine der wenigen Hoffnungen, der ist viel wichtiger als die vielen Hinweise seit 33 Jahren auf den sogenannten Widerstand. Und was mehr können wir uns wünschen, als daß wir Opfer zu Wort kommen lassen, die darauf wert legen, auch das sagen zu können.«

Das Opfer selbst also soll gefälligst frohen Mutes den guten Deutschen ausgerechnet als SS-Mann rekonstruieren. Den Gipfel dieser neudeutschen Unverschämtheit erreicht Syberberg durch seine Forderung, die Produzenten müssen Geld an die Opfer überweisen (und nicht etwa die Vertreter und Nachkommen derer, die die abgebildeten Verbrechen begingen). Der antiamerikanische Impuls (der in seinen nebelhaftesten Formen rechts und links in dieser Zeit miteinander verband und zu einer bizarren Identifikationskette führte: trivial – kommerziell – amerikanisch – jüdisch) und ein magisch-moralischer Antikapitalismus verknüpft sich in der Abwehrreaktion der europäischen Intellektuellen zu bizarren Konstruktionen von Ignoranz und Abscheu. So schreibt Jean-Pierre Faye in *Les Nouvelles Litteraires*: »Übelkeit überfällt mich bei dem Gedanken, daß man Millionen von Dollars machen wird mit dem Schicksal von sechs Millionen Ermordeten. Das ist der Grund, warum ich den Film weder sehen noch mich weiterhin für ihn interessieren will« (was den Autor freilich nicht daran hindert, im weiteren weitschweifige Statements abzugeben). Sich selbst die Auseinandersetzung mit dem

Hinweis auf die Vermarktbarkeit zu ersparen, eine Arbeit über den alten oder den neuen Faschismus zu verdammen, ohne etwas gesehen zu haben, scheint Tradition in einer besonderen Form des Antifaschismus, der sich zu einer strengen Moraltheologie machen will.

Der Faschismus, so scheint es bei Syberberg, und er durfte dies unwidersprochen in einer renommierten Zeitschrift wie *medium* kundtun, entstammt durchaus positiven Quellen der deutschen Kultur: »Es ist der irritierende und nahezu unauflösliche Fall, wie die guten Wünsche, der Aufbruch, das Fest eines Volkes unter der Hand sich umwandelten und zu verantwortende Mordaktionen der Menschen eines Volkes, wie plötzlich die Wünsche, die Ideen und besten Absichten – denn ich kann nicht glauben, daß ein Volk, wie viele Millionen, Auschwitz wollten –, wie ihr bestes Wollen plötzlich in Grausamkeit umschlugen, in wahnsinnigem Mord endeten – und das soll nun zum Geschäft werden?« Es fehlte nur ein Hinweis darauf, daß der so geschäftstüchtige Regisseur Jude ist, und Syberberg hätte eine perfekte neufaschistische Tirade abgegeben.

Wir könnten Syberberg einen reaktionären Neurotiker sein lassen, würden seine Aussagen, versehen mit der elitären Attitüde eines Menschen, der Schönheit und dem Wissen in sich und mit der »Kulturnation«, nicht so genau der Mainstream-Mythologie entsprechen. Überall löste die Serie seltsame Prozesse der rechten Offenbarung aus. In Paris bat man (in *L'Express*) den Generalkommissar der Judenfrage in Frankreich, der in Abwesenheit als Kriegsverbrecher zum Tode verurteilt war und unbehelligt in Spanien lebte, in einem Interview zur »fachmännischen« Korrektur der Serie (welch ein Pendant zu Will Trempers Berufung auf Josef Goebbels bei »Schindlers Liste«!); debattiert wurde nicht über Mitschuld und Kollaboration, sondern allen Ernstes darüber, ob die Serie nicht etwa einen »Deutschenhaß« schüre, den man im Zeitalter der Europäisierung ganz und gar nicht gebrauchen könne (welch vornehme Rücksicht auf die Täter!) Daher sendete das französische

148

Fernsehen sozusagen zum Ausgleich stets neben »Holocaust« eine Reihe von Beiträgen über das neue demokratische Deutschland und über den deutschen Widerstand gegen Hitler. Entschuldung wie neue Faschisierung funktionieren in einem europäischen Zusammenhang.

Zwischen »Holocaust« und »Schindlers Liste«:
Erinnerungen zum Antisemitismus

Vladimir Jankelevitch äußerte in einem Interview mit dem *Nouvel Observateur* im Jahr 1979, anläßlich der Ausstrahlung von »Holocaust« in Frankreich, »daß die Nazis die Juden nicht auf dieselbe Art haßten, wie sie die Slawen, die Kommunisten, die Widerstandskämpfer oder Gaullisten haßten. (...) Wenn ein Rassist erklärt ›Ich hasse die Schwarzen‹, dann drückt er damit seinen Haß auf das Fremde, das ›Andere‹ aus. Ganz anders bei den Juden. Wenn der Nationalsozialist sie haßt, dann deshalb, weil sie ähnlich und nah sind und weil ihn a priori nichts eindeutig von ihnen unterscheidet: weder die Hautfarbe, noch die Größe, noch die Haare. Nichts, oder beinahe nichts. Und aus diesem ›beinahe‹ nährt sich der unersättliche Haß des Nationalsozialisten. Dieses ›beinahe‹ wird von der Ideologie ins Unermeßliche gesteigert. Und aus diesem zwanghaften Bedürfnis, den Juden zu einem ›Monster‹ zu machen, entstehen diese ganzen Fantasmagorien des arischen Biologismus und natürlich auch die besondere Form, die die ›Endlösung‹ angenommen hat. Man haßt wirklich und ohne Maß nur den, der einem ähnlich ist, den, der eigentlich der Zwilling sein könnte und den man mit allen Mitteln von sich unterscheiden muß, das heißt zum Preis seiner totalen Zerstörung. Das ist das Neue an der ›Endlösung‹: Man hat derartig Angst, daß der andere einem noch immer ähneln könnte, daß man ihn in ein Tier verwandelt. Wie kann man behaupten, daß diese Art von Haß einem gewöhnlichen Rassismus entspricht?«

Zunächst macht es gerade diese »Ähnlichkeit« von

Täter und Opfer so schwer, bildhaft zu machen, was der Holocaust bedeutete. In einer Serie wie »Holocaust« ebenso wie in »Schindlers Liste« sind daher die Gestalten am Anfang einander sehr ähnlich, es ist ihre »Entscheidung«, die sie trennt. Die Mythologie der Nicht-Darstellbarkeit des Genozids beruft sich vielleicht ein wenig heuchlerisch auf das Ausmaß des Schreckens und darauf, daß nur ein Trauern in Würde es gestattete, nach Auschwitz überhaupt weiter zu leben. Möglicherweise ist der Skandal, den das Tabu überdeckt, jedoch gerade diese Ähnlichkeit: Wir haben nur die Geschichte von Kain und Abel als mythisches Modell solcher Verwandtschaft von Täter und Opfer, und kein anderes Modell der Auseinandersetzung mit dem »anderen« läßt sich darauf übertragen.

Daher ist es möglich, daß der Rassismus der neuen Rechten eine Mischung aus beidem ist; das Fremde ist nun längst nicht mehr so fremd, es will einem selber immer ähnlicher werden. Es ist das innere Fremde, aber eben auch jene soziale Marginalisierung, die man beim anderen produziert, weil man sie an sich selbst fürchtet.

Im Antisemitismus bekämpft man, was man in sich selber hat; es ist nur allzu augenscheinlich, wie sehr die Verteidigung der Faschisten vor dem Nürnberger Gerichtshof der Verteidigung glich, die im Propagandafilm »Jud Süß« von Veit Harlan der Jude gegenüber der bürgerlichen Macht unternimmt.

Im übrigen scheint es erstaunlich, wie sehr dieser Film nicht nur das Feindbild, sondern auch die Produktion dieses Feindbildes reflektiert. Über seine erste Zeit bleibt die moralische Wertung durchaus in der Schwebe; im Konflikt zwischen den Bürgern und dem Juden begehen beide Seiten Ungerechtigkeiten. Aber nachdem die letzte Steigerung der gegenseitigen Aggressionen von Jud Süß unternommen wurde (ein sexueller Angriff auf eine Bürgerfrau), da vergißt der Zuschauer förmlich, daß er Zeuge war, wie sich alle Seiten mitschuldig gemacht haben. Er sucht aus einem emotionalen Chaos eine Eindeutigkeit, die nur der Tod des Juden bringen kann. So ist dieser Film zugleich ein Stück übelster Propaganda und unfreiwillig eine Art Analyse der Faschisierung der Wahrnehmung.

Definieren wir also den Faschismus unter anderem als eine militante Suche nach Eindeutigkeit, die nur mit dem Tod des anderen enden kann, so erkennen wir jene Identität von Sprache und Mord, die ihn charakterisiert.

In den siebziger Jahren war in den Heiratsanzeigen des *Bayernkurier* etwa ungeniert von einem »Arisch-Deutschen, 33, 1,90« (mit Haus- und Bauplätzen in der Stadt), der ein »arisches, d.i. rein deutsches Mädchen« als »Hausfrau« sucht. Auch hier geht mit dem bizarren Rassismus ein seltsame Unklarheit einher, so als müsse da gefürchtet werden, jemand könne sich in dieses Haus einschleichen, dem man nicht ansehe, daß er nicht »rein deutsch« sei.

Wenn dieser Rassismus der Transgression, der nicht mehr Abgrenzung und Unterwerfung, sondern vollständige Vernichtung, Entmenschung anstrebt, tatsächlich eine Haupttriebkraft des deutschen Faschismus ist, so wird vielleicht, noch einmal, die Vermischung von Propaganda und *popular culture* deutlich: Möglicherweise nämlich entwickelte sich ja der deutsche Antisemitismus nicht zu einem solch unbegreiflichen verbrecherischen Ausmaß, weil die deutsche Kultur durch die faschistische Propaganda in solch endlos vernetzten, alle Nischen von Kultur und Alltag besetzenden Erzeugnissen der Massenkultur überlagert wurde, die den Antisemitismus in die deutschen Köpfe senkte, sondern umgekehrt, die manische Produktion antisemitischer Hetzschriften und Bilder entsprach vielmehr dem Bedürfnis, dem durch die faschistische Organisation der Massenkultur am trefflichsten beizukommen war.

Jeder Diskurs war entweder mit dem des Rassismus oder dem des Krieges durchsetzt (»Mit Sinalco uns der Sieg, wie im Frieden so im Krieg«), und wie jedes Objekt, jede Ware ihre innere Legitimation in Bezug auf den Krieg erhielt, so erhielt jedes Körperbild, jede erotische Maske ihre innere Legitimation durch einen Rassismus, der seine unentwegte Produktion von Bildern benötigte, weil er nicht auf Erfahrung, nicht einmal auf Anschauung basierte. Man erzog sich, Tag für Tag, Bild für Bild, auf ewig zum Antisemiten und definierte zugleich Tag für Tag das Bild des Juden, für das es im wesentlichen kein Original gab, ja mehr noch: Alles, was in der traditionellen Bilderwelt als »jüdisch« identifziert werden konnte, sprach eigentlich davon, daß von dieser Kultur keine Gefahr ausging, daß sie entweder, wie im Osten, auf eine durchaus liebenswerte Weise rückständig und ländlich-arm war, oder daß sie sich genau in den Formen deutscher Bürgerlichkeit ausdrückte, die man selber anstrebte. Überall wo es das Jüdische gab, gab es auch das Nichtjüdische, und umgekehrt. Der Jude mußte erfunden werden, um gehaßt werden zu können, und das Konzentrationslager galt beidem zugleich: der Definition des Juden und seiner Vernichtung.

Was aber bedeutet diese Konstruktion des jüdischen Opfers im Blick des Faschisten, die nichts gemein hat mit dem, was man als Xenophobie und ethnisierte Feindbilder kennen mag (weshalb Antisemitismus auch nicht das geringste mit »Vorurteilen« oder propagandistischer Verführung zu tun hat) für die retrospektive Abbildung der Beziehung von Tätern und Opfern im deutschen Faschismus? Müssen wir nicht auf ewig, und noch so ins Humanistische gewendet, auf die faschistische Konstruktion dieses anderen Menschen hereinfallen, irgend etwas Abbildbares suchen, was den jüdischen vom »arischen« Menschen unterscheide (und sei es wenigstens seine Sanftmut), ja muß nicht jedes Bild, jede Erzählung vom deutschen Faschismus noch einmal diese Konstruktion des »anderen« vornehmen? Nichts definiert den Juden außer der Lust des Faschisten, ihn erst kulturell, semiotisch und körperlich zu entmenschen und ihn dann zu ermorden. Er haßt und tötet in ihm den Rest seiner Seele, so schließt sich der tödliche Kreis der Faschisierung. Und es war Josef Neckermann, der sportbegeisterte Mitbegründer des deutschen Wirtschaftswunders, der sich aus dem Prozeß der »Arisierung« die

Grundlagen für ein neues Imperium sicherte. Nicht Krankheit, nicht Verbrechen – aber alles in den Dienst gestellt von der radikalen Modernisierung der Deutschheit in der Beschleunigung der Gewalt und der Sentimentalität des alten Glücks.

Schindlers Liste
oder wie Steven Spielberg das Nicht-Erzählbare
erzählt

Ob es überhaupt eine adäquate Form für den Spielfilm
gibt, über Identifikationen und Mythen hinaus etwas
über Form und Wesen der nationalsozialistischen Herrschaft und der planvollen Ermordung der Juden in Europa durch den deutschen Faschismus auszusagen, ob in
der Kinomaschine von Hollywood tatsächlich etwas von
der durchaus endgültigen Entfremdung des Menschen
von seiner Geschichte durch und nach Auschwitz zu
vermitteln ist, ob also, umfassender, das System der
populären Mythologie dem System der Vernichtung
gerecht werden kann, ob schließlich Steven Spielberg
nicht auch in »Schindlers Liste« letztlich mit den Stereo-
typen und rhetorischen Figuren des Mainstream und
nicht zuletzt mit seiner eigenen Privatmythologie arbeiten und damit das eigentliche, das aufklärerische Ziel
strukturell verfehlen und dann doch Versöhnung und
Erlösung über dem Unversöhnbaren, Nicht-Erlösbaren
anzubieten – all das sind Fragen, die sich der zukünftigen Filmgeschichtsschreibung, der zukünftigen Philosophie des Films stellen werden. Sie wirken, gebündelt
und in der Regel doch ohne Bewußtsein von der eigenen
Geschichte, wie eine Zusammenfassung all jener Diskurse, die sich fünfzig Jahre lang zum Ergebnis einer seltsamen kulturellen Ruhe gegenseitig in Schach gehalten
hatten. Sie wirkten freilich indes reichlich zweit- und
drittrangig angesichts der schieren *Notwendigkeit* eines
solchen Filmes in der Zeit der schmutzigen Renaissance
des Faschismus in den Straßen und der schleichenden
Refaschisierung nicht nur in Deutschland. Wie bei »Holocaust« kam ein Produkt der amerikanischen populären

Kultur über die Deutschen wie eine teuflische Melodie, die die Erinnerungen und Nichterinnerungen ebenso zum Tanzen brachte wie die Synchronisation von Bilderverbot und medialer Rekonstruktion des alten Glücks. Und weil Spielberg sich der Probleme seines Projektes bewußt ist – »die Tragödie der Shoah ist unaussprechlich, und dennoch müssen wir davon sprechen, um die Wiederholung zu verhindern«, sagt er, und der Autor des Buches, Thomas Keneally, erklärt, es sei bei dem Film darum gegangen, »eine Perspektive zu finden, aus der das Nichterzählbare erzählt werden konnte« –, geht die Wirkung seiner Arbeit weit über die Fernsehserie »Holocaust« mit ihrer Ästhetik der Soap Opera hinaus, die gleichwohl seinerzeit trotz der Fragwürdigkeit ihrer Gestaltung immerhin einen Schub der Erinnerung auslöste. »Schindlers Liste« (wie die Comic-Serie »Maus« von Art Spiegelman) erscheint zugleich als neuerlicher Versuch, in der (begrenzten, konventionalisierten und doch weiten und vielfältigen) Welt der populären Kultur Bilder für das Menschheitsverbrechen des deutschen Faschismus zu finden (nicht Krankheit, nicht Kriminalität, nicht erschreckende historische »Normalität«, sondern ein viertes, mit allem verbunden und doch einzigartig, überziehbar mit einem Netz der Erklärungen und doch unerklärbar), und als Versuch über die Unmöglichkeit der Konstruktion dieser Bilder. Spielbergs Film erzählt, manchmal indirekt, manchmal ganz explizit, auch von den Grenzen, die seiner Bilder- und Erinnerungsarbeit gesetzt sind. Die Lösung des Paradoxes vom Erzählen des Nichterzählbaren, für die Spielberg in der Tat alles getan hat, was in seiner Produktionskultur und darüber hinaus möglich ist, hebt das Paradox nicht auf; »Schindlers Liste« steht wohl kaum in Gefahr, Modell für ein Genre von »Holocaust-Filmen« zu werden. Kritische Fragen an Spielbergs Film stellen sich überdies nur schwer aus einer Kultur heraus, die etwas auch nur annähernd Ähnliches, die filmische Auseinandersetzung mit den größten organisierten Verbrechen, die Menschen je begangen haben, nie unternommen hat.

Zur strukturellen Verhinderung der Auseinandersetzung mit der eigenen Vergangenheit gehört auch, daß neben anderen kritischen Stoffen hier auch die Geschichte von Oskar Schindler keine Produktionsmittel erhielt. Und heute? Sieht man sich die letzten Produktionen der deutschen Cinematographie zu dieser Zeit an, von Vilsmeiers »Herbstmilch« bis zu Geissendörfers »Gudrun«, drängt sich der Eindruck auf, man empfinde den Faschismus als unangenehme, auf bizarre Weise äußerliche Störung eigentlich idyllischer Lebensumstände. Der deutsche Film hat in seinem Mainstream vor diesem Thema so kläglich, so verräterisch versagt, daß es schon deswegen schwerfällt, ihn zu verteidigen.

Steven Spielbergs »Schindlers Liste« ist vielleicht gerade deswegen so notwendig, weil er nicht aus der Peripherie, sondern direkt aus dem Herzen der großen Traumfabrik kommt (wenn er auch nicht wirklich in ihr entstand); er rehabilitiert bis zu einem gewissen Grad das »große« Kino selbst, gibt ihm ein Stück jener Fähigkeit zur Bedeutung, zur konkreten historischen Geste zurück, die es als universale Augendroge und umfassende Maschine des Meta-Mythos zu verlieren drohte. Und daß in diesem Film auch ein Teil einer persönlichen Rehabilitierung seines Autors, so etwas wie ein Erwachen von Spielberg selber steckt, macht den Film nur deutlicher.

Freilich konnte auch nur Spielberg, der im selben Jahr mit dem Fantasy-Spektakel »Jurassic Park« alle Kassenrekorde brach, Mittel und Logistik für ein solches Unternehmenn aufbringen. Hollywood hatte mit dem Thema seine ökonomischen Schwierigkeiten. »Triumph of the Spirit« (1989, Regie: Robert M. Young), die Geschichte des jüdischen Boxers Salomo Arouch, der mit seiner Familie nach Auschwitz deportiert wurde, war trotz prominenter Besetzung mit Willem Dafoe und Edward James Olmos und hervorragender Aufnahme bei der Kritik ein ökonomisches Desaster. (In Deutschland war der Film immerhin im ZDF zu sehen.) »Feinde – Die Geschichte einer Liebe« von Paul Mazursky hat mehrere Millionen Verlust gemacht, und Alan J. Pakulas »Sophies Entscheidung« konnte durch den Star-Appeal von Merryl Streep gerade noch vor dem Verlust bewahrt werden. Es gibt auch in der amerikanischen Gesellschaft einen Widerwillen gegen die Beschäftigung mit dem Thema, und zwischendurch hat man Spielberg allen Ernstes den Vorschlag gemacht, lieber gleich eine größere Summe an das Holocaust-Museum zu spenden als einen vorhersehbar unpopulären Film zu produzieren. Spielberg mußt so etwas wie einen unsichtbaren Antisemitismus in der Traumfabrik überwinden, um »Schindlers Liste« zu drehen, und die Produktion war umgekehrt ein Prozeß der Selbstfindung; dieser Film über einen »anderen Deutschen« wird, nach allem, zu einem wenn auch nicht unumstrittenen Teil jüdischer Kultur.

Ein wenig wie jener Oskar Schindler, so setzt auch Steven Spielberg seine Geschicklichkeit im Umgang mit Geld und Macht in der Traumfabrik für einen guten Zweck ein, und wie seinen Protagonisten macht es auch ihn dabei nur glaubhafter, daß er dabei nicht zum Heiligen wird, daß Widersprüche und Retardierungen bleiben. Von Anbeginn an wollte man erklären, daß »Schindlers Liste« mehr als ein gewöhnliches Hollywood-Produkt sei. Der Start war ohne laute Werbebegleitung vonstatten gegangen und in nur 20 Theatern erfolgt (dennoch spielte er am ersten Wochenende bereits 1 Million Dollar ein und stand schließlich auf Platz zehn der Box-Office-Liste). Eine Reihe von Vorführungen des Films wurde für karitative Zwecke organisiert; der Präsident der Vereinigten Staaten empfahl seinen Landsleuten: »Go, see it!« und die Uraufführung fand im Simon Wiesenthal-Zentrum statt. Längst sind alle jene Kritiken aus dem Vorfeld verstummt, die sich an dem Ansinnen des Peter Pan-Regisseurs aus Hollywood entzündeten, in Auschwitz selbst zu drehen (was im übrigen der kleineren Produktion von Robert M. Young nicht verweigert wurde); die Skepsis ist einer allgemeinen kleinen Freude über diesen Film gewichen, der als kulturelle Widerstandslinie gegen die Leugnung der Nazi-Verbrechen verwendet werden kann.

Kurzum, »Schindlers Liste« ist mehr als ein kulturelles Spekulationsobjekt auf den internationalen Märkten der Sinnindustrie, mehr auch als ein persönlicher künstlerischer Triumph seines Regisseurs. Der Film wird gleichsam zu einem weltpolitischen Verständigungsmittel, als Erinnerung an das verlorene Projekt der Humanität – das birgt Chancen und Risiken. Und in dieser Funktion steckt die Widersprüchlichkeit des Filmes als perfektes Abbild seines Sujets; er funktioniert nur in dem System, dem er widerspricht.

Oskar Schindler war auch in der deutschen Nachkriegsgesellschaft eine verdrängte Gestalt. Er paßte nicht in das Bild des Widerstandes, das sich diese Gesellschaft phantasierte, er stand gegen das Bild vom »guten Deutschen«, der nie etwas gewußt und nie etwas gesehen hat, der ein gutgläubiger, irregeführter Idealist war, und er stand gegen das Bild vom Widerstandshelden, der nur ein vollständiger Heiliger, ein Irrealist war. Die Humanität seines Handelns produzierte keine verwertbare Geste, in ihr konnte das Verbrechen des Faschismus nicht zum Verschwinden gebracht werden, sondern mußte nur umso deutlicher hervortreten. Sie verweist zu sehr auf die Möglichkeiten, beantwortet zu deutlich die Frage, die keine Antwort dulden mochte: Was hätten wir denn tun können?

Schindler ist zunächst der kriegsgewinnlerische Hasardeur, ein Spieler, Trinker, Frauenheld, einer, der sich jeder Situation anpaßt und der wenig Skrupel hat, den Nazis für seinen Vorteil nach dem Mund zu reden und seinen Reichtum auf die Ausbeutung jüdischer Häftlinge zu gründen. Seine Emaillefabrik erwarb er nach der Enteignung ihrer jüdischen Besitzer und brachte sie durch massive Bestechung seiner Geschäftspartner bei der Wehrmacht und in der Partei nach oben. Doch irgend etwas geschieht in diesem Menschen, das in so furchtbar wenigen anderen Deutschen passiert; er wird zum Retter und Beschützer derjenigen, die von der Vernichtungsmaschinerie bereits erfaßt und zum Tode verurteilt sind. Schindler setzt, immer noch einer, der als Spieler sein Glück sucht, sein Vermögen und sein Leben für »seine« Juden ein. 1944 verschaffte er sich durch Intrigen und Bestechung die Erlaubnis, seine ganze Fabrik mit allen seinen jüdischen Arbeiterinnen und Arbeitern ins Sudetenland zu verlagern; 1100 Menschen, denen seine Liste die »Kriegswichtigkeit« ihrer Existenz bescheinigt, wurden so vor dem Tod gerettet.

Viel an Ehren ist ihm in der deutschen Nachkriegsgesellschaft nicht zuteil geworden. Er hat eine mehr als bescheidene Rente bekommen, weniger als die Witwe Roland Freislers, er erhielt das Bundesverdienstkreuz, eine kleine Straße in Frankfurt wurde nach ihm benannt. 1983 erschien das Buch des australischen Autors Thomas Keneally, der im Jahr zuvor in England mit dem Booker-Preis ausgezeichnete dokumentarische Roman um Schindlers Rettungstat, auch in Deutschland. Aber auch das war schnell vergessen.

Kann Schindler nun, in der Zeit neuen faschistischen Terrors, endlich zum Bild für die Möglichkeit des Widerstands werden? Er ist der erste große Spielfilm, der nicht vollkommen in den gewohnten Modellen des Antifaschismus-Films aufgeht und der von beidem, der kalten und der heißen Gewalt, der Mechanik und der Lust des Tötens, der bürokratischen und der sadistischen Seite des faschistischen Terrors etwas zeigt.

Der Film »Schindlers Liste« konnte zunächst gelingen aufgrund einiger kluger künstlerischer Entscheidungen: Spielberg entschied sich für einen Film in Schwarz/weiß, das das historische Dokumentar-Material vorgibt, und verwendete so viele authentische Locations wie möglich, von Schindlers Fabrik bis zu seiner luxuriösen Wohnung in Krakau. Er verzichtete für die Hauptrollen auf große, in ihren Rollen definierte Stars (nur Ben Kingsley in der Rolle von Schindlers jüdischem Buchhalter und Vertrauten Itzak Stern bringt ein wenig vom vorfabrizierten Bild tätiger Sanftmut mit) und widerstand der Versuchung, die Auseinandersetzung zwischen dem Guten und dem Bösen, Schindler (Liam Neeson) und dem Hauptsturmführer Göth (Ralph Fiennes) als metaphysischen, ewigen Kampf darzustellen. Die seltsame Ähnlichkeit der beiden macht indes umso deutlicher, wie sehr es Entscheidungen sind, ausgehend von einem unangenehmen Zustand der »Normalität«, die den einen zum Mörder, dem anderen zum Retter machen. »Einige Leute meinen, Göth sei der Schatten, den das Licht Oskar Schindlers wirft, und es hätte etwas wie Brüderlichkeit zwischen ihnen gegeben. Ich glaube«, sagt Spielberg, »Göth wäre furchtbar gerne Schindler gewesen, aber nicht umgekehrt. Schindler war jedoch Schauspieler genug, Göth dies glauben zu machen.« Aber die Entscheidungsprozesse drängt der Film uns nirgendwo auf; es gibt gewiß Schlüsselszenen, etwa Schindlers Zeugenschaft bei der Zerstörung des Gettos von Krakau oder Amon Göths psychopathische Beziehung zu einer jüdischen Frau, aber wie der eine zum entschlossenen Gegner des Regimes, der andere zum immer blutrünstigeren Mörder wird, das ist nicht als äußeres Drama zu erkennen, nicht in wohlfeile schauspielerische oder dramaturgische Rhetorik gekleidet. Spielberg verweigert hier zu Recht das Kino der Eindeutigkeit. Und gerade weil nichts in einem geschlossenen Mythos aufgehoben ist, gibt der Film seinen Figuren und den Zuschauern einen großen Teil der Verantwortung zurück. Es gibt immer die Freiheit, sich anders zu entscheiden. Spielberg formt jede seiner Figuren, auch noch die kleinste Nebenrolle, so aus, daß uns die Unwiederbringlichkeit, der um nichts in der Welt wieder gut zu machende Verlust des einzelnen Lebens körperlich präsent wird. Keine Repräsentanz, kein vorbestimmtes Opfer, nur der nackte Mensch bleibt dem Blick, der gefoltert und ermordet wird, und der, dies ganz im Gegensatz zu »Holocaust«, beweist, daß es in diesem Todesspiel keine »Statisten« gibt. »Wer nur ein einziges Leben rettet, rettet die ganze Welt«, zitiert Itzak Stern den Talmud am Ende zum Trost für Schindler, aber über den Film hinweg haben wir vor allem die Umkehrung dieses Satzes gesehen:

160

Jeder einzelne Mord ist Teil der Zerstörung der ganzen Welt.

Spielbergs Methode in diesem Film ist eine Art Demut vor der historischen Realität, und es war, wie der Regisseur selbst sagt, darin nur vonnöten, den inneren Zorn über das Geschehen gerade noch zu kontrollieren. Er hat dem Film einen dokumentarischen Stil gegeben, so weit, daß er sogar jene Elemente der wahren Geschichte wegließ oder veränderte, die allzu melodramatisch oder bizarr erschienen. Auf der anderen Seite gibt es Szenen, die cineastisch personalisiert sind – ob Schindler tatsächlich persönlich in Auschwitz war, um die Arbeiterinnen zu retten, die durch ein absurdes Mißgeschick hierhin statt in seine Fabrik geleitet wurden, oder ob er sich dazu Mittelsmänner bediente, ist nicht mehr wirklich zu klären. Aber diese Abweichug geht nie über eine narrative Verdichtung hinaus; es ist wirklich geschehen, sagt ansonsten jede Szene.

Spielbergs Blick und die Kamera von Janusz Kaminski suchen nicht die Erklärung, sondern die Zeugenschaft. Sie ist mitten drin im Geschehen und kann, wie die Menschen darin, nicht immer Übersicht und Beziehung herstellen. Zugleich aber will sie »objektiv« bleiben; sie kann sich auch über die grausamen Details von Exekutionen, das Spritzen des Blutes, das Leben im Dreck, nicht hinwegsetzten, sie kann den Blick nicht wenden vor dem Sterben. Aber sie will den Menschen zugleich auch immer ein wenig von jener Würde zurückgeben, die das Lager ihnen als System raubte. Janusz Kaminski arbeitet oft mit der Handkamera, vermittelt den verzweifelt nach Halt suchenden Blick, die unvermittelten Übergänge von Situation der Enge und der Leere, die Aggregatzustände des Leidens unter dem Terror. Der Blick zwischen dem Lager und Göths Balkon, von dem er wahllos des morgens auf Menschen zu schießen pflegt, nimmt das Grauen des Mordens schon vorweg.

Und so wie die Organisation des Raumes bereits den physischen und psychischen Terror des Lagers enthält, so enthält umgekehrt Schindlers Wissen um die Individualität des Menschen schon seine Rettungstat. Der Schnittpunkt zwischen der personalen Entscheidung und der industrieller Vernichtung ist die Liste; und wie der Terror des Konzentrationslagers nicht nur auf die Auslöschung des Menschen, sondern vor allem seiner Individualität gerichtet ist, so besteht Schindlers erster Akt der Menschlichkeit darin, die Namen zu kennen, die Individualität zurückzugeben. Seine Liste ist in mehrerer Hinsicht so etwas wie eine neue Geburtsurkunde. Wie sehr Schindlers Handlungen also auch von Spiel und Selbstüberschätzung geprägt sein mögen, so steckt doch auch in diesem Kennen und Erkennen der Menschen ein grundlegender Unterschied zu einer abstrakten Geste des Widerstands.

In den langen Szenen von der Vernichtung des Gettos taucht in Spielbergs Schwarz-Weiß-Film ein kleines Mädchen auf, das einen roten Mantel trägt. So schwach erscheint die Farbe zuerst, daß wir noch gar nicht glauben können, es sei etwas anderes als eine flüchtige Täuschung der Wahrnehmung, aber dann wird dieses Rot zu einer Gewißheit: Da ist jemand, der hätte auserwählt sein können, die Hoffnung zu tragen; das Mädchen irrt durch die Straßen des Mordens, läuft in ein Haus und versteckt sich unter einem Bett, die Farbe verschwindet. 18 Monate später sehen wir, sieht Oskar Schindler das Mädchen im roten Mantel unter einem Berg von Leichen. Aber der Tod löscht diese Farbe nicht aus.

Am Beginn des Films haben wir, ebenfalls in Farbe, eine Kerze gesehen, die erlischt (bald darauf den Dampf der Lokomotiven, den Rauch der Schornsteine, aus denen die Asche der Ermordeten steigt), am Ende sehen wir, wieder in Farbe, das Gedenken der Schindler-Juden, von denen jeder einen Stein auf dessen Grab legt. Diese drei Farb-Momente sind die einzigen symbolischen Überhöhungen, die Spielberg uns gestattet.

Was hingegen leitmotivisch wiederkehrt, ist das Leiden der Kinder. Sie werden von den Eltern gerissen und müssen früh Entscheidungen treffen, früh den Kampf ums eigene Überleben vor die Solidarität setzen. Danka Dresner und ihre Mutter werden von einem kleinen Jungen in der Uniform der Gettopolizei gerettet; die Kinder verstecken sich in geheimen Nischen, in der Kloake schließlich will sich einer verbergen, aber da stehen schon andere, bis zum Hals: »Verschwinde, das ist unser Versteck.« Wenn sie von ihren arbeitsfähigen Müttern getrennt und für das Todeslager selektiert werden, ertönt aus dem Lautsprecher »Mamatschi, schenk' mir ein Pferdchen«. Und als Göth von seinem Balkon aus, nachdem er für kurze Zeit mit der von Schindler gepriesenen Tugend der Gnade kokettiert hat, einen kleinen Jungen erschießt, ist jegliche Hoffnung zerstört, den Faschisten zum Besseren zu überreden.

Die letzte Szene, der lange Abschied, der Dank, der Ring, den die Häftlinge ihrem Retter aus Zahngold gießen, Schindlers Zusammenbruch in dem Augenblick, in dem er vielleicht zum ersten Mal erkennt, was er eigentlich getan hat und daher verzweifeln muß darüber, daß es dann doch immer zu wenig gewesen ist, scheint wieder ein wenig von der Spielbergschen Sentimentalität zu beinhalten, die sich die Erlösung in einer Art von »Familie« erhofft. Aber zum ersten Mal auch sehen wir in dieser Szene hinter die Maske Schindlers, zum ersten mal kann er sich und uns etwas erklären, und es ist, als falle auch von uns die Todeserfahrung der letzten drei Stunden ab.

Spielberg erspart uns nicht den Blick auf die körperliche Gewalt, die Rituale der Entmenschlichung, die kreatürliche, geschundene Nacktheit der Opfer. Und er gibt uns keinen Helden, dies auszuhalten, er zeigt nur einen Menschen, der erkennt, was es heißt, das Leben zu lieben. Dennoch erscheint hinter der historischen Zeugenschaft auch ein zweites Gleichnis. Vielleicht steckt in diesem Oskar Schindler über die historische Figur hinaus eine Art Vorschlag für den Kapitalismus, sich der Verantwortung bewußt zu sein. Tatsächlich steckt in dieser Gestalt, gerade dort, wo sie über sich selbst spricht, so viel von einem deutschen Kriegsgewinnler,

der das Mitleid entdeckt und seine Kunst des Hasard-
spiels in den Dienst der Menschlichkeit stellt, wie von
einem amerikanischen Tycoon, der seine Skrupellosig-
keit überwinden muß und seinen Pragmatismus anders
denn in der eigenen Bereicherung anzuwenden lernt.
Spielberg entreißt nicht nur Taten und Opfer dem historischen Vergessen, er stellt auch eine Forderung, die
destruktiven Kräfte des »freien Unternehmertums« zu
bändigen. Seine Vision von der Vermenschlichung des
Kapitalisten in finsterer Zeit mag sehr naiv sein, von
Erlösungssehnsucht mehr als von kritischer Analyse
geprägt. Die Versöhnung von Kapital und Arbeit, um die
es in dieser Geschichte, verborgen hinter der mutigen
und listigen Rettungstat, ja auch geht, die Bildung einer
magischen »Familie« in der Fabrik, kann bei ihm nicht
im Faschismus, sondern nur gegen ihn entstehen. Geld,
so erzählt sein Film, kann Leben nicht nur zerstören,
sondern auch retten. Aber am Ende ist es erschöpft; es
verbrauchte sich so furchtbar schnell an den Vernich-
tungsmaschinen und ihrer Korruption, es hat sich am
System des Bösen entwertet.

So ist Spielbergs Film, in all seinen Widersprüchen,
auf doppelte Weise aktuell, als Erinnerung an das
Nichterinnerte und als Vorgriff auf eine noch nicht ge-
führte Debatte um die Verantwortung des Kapitals für
das Elend der Welt, für die neuen Vernichtungslager.
Spielberg zeigt die Nazis nicht als hackenschlagende
Klischeebilder; es sind, sagt er, »Geschäftsleute«: »Trotz
ihrer Uniformen handelt es sich um Buchhalter, Eisen-
bahningeniuere, Wirtschaftsexperten, alle mit ihrer
ganzen Kraft in einer Todes-Industrie beschäftigt. Leute, die ihre Intelligenz und Energie dieser Industrie
widmen, nicht anders, als es Angestellte in der, sagen
wir, Autoindustrie tun.« Das industrielle Funktionieren
der »Endlösung« und das Wirken psychopathischer Mörder und Sadisten, das vollständige Ineinander von Sy-
stematik und Willkür ergeben erst den realen Faschismus. Auch Schindler lernt seine Arbeiter zuerst über
sein Profitinteresse kennen, weder ihm noch uns wird

164

eigentlich bewußt, wo die Grenze zwischen dem »vernünftigen« Profitinteresse und dem wirklichen Mitleid überschritten wird. Spielberg übersieht nicht den Zusammenhang zwischen Faschismus und Kapitalismus, und die Schuld der Nazis sieht er keineswegs nur in einer Art von ideologischer Verblendung, sondern auch in einem System schamloser, mörderischer Bereicherung. Und auch darin widerspricht der Film unseren Mythen.

»Schindlers Liste« ist als Film gewiß eine menschliche Zumutung. Das heißt, er will niemanden überreden, überrumpeln oder schockieren; man kann sich nur aus freien Stücken auf ihn einlassen. Die Kamera ist mit einer Gruppe nackter, kahlgeschorener Frauen in der Duschanlage des Konzentrationslagers und muß, wie die Menschen, warten, ob es Gas sein wird oder Wasser, was aus den Brausen kommt. Dieser Augenblick zwischen Leben und Tod prägt sich auch beim Zuschauer tief in die Seele. Oder: Die Kamera streift über die Koffer und Habseligkeiten der Opfer, Bilder von unendlichem Verlust, kaum minder grausam als die Bilder physischer Gewalt, von der vernichteten Identität. Spielberg erzählt nicht nur aus der Perspektive der Opfer, er vermittelt die fundamentale Erfahrung, was es heißt, Opfer zu sein.

Dieses System der Auslöschung von Persönlichkeit, Würde und individuellem Lebensrecht ist zentral für den Film; der Verlust des allerpersönlichsten Besitzes, die Nacktheit, das Zeichen, die gestreifte Uniform, und immer wieder: Namen und Listen, die nur zum Ausstreichen gedacht scheinen, der Transport in den Güterwaggons, wie um noch einmal zu betonen, daß man es mit »Sachen«, nicht mit Menschen zu tun hat und die Willkür der Gewalt, der nicht einmal durch Wohlverhalten oder Unterwerfung zu entgehen ist. Die Erzählhaltung dieses Films ist gleichsam die Revolte gegen diesen Identitätsverlust (und daher »sagt« uns der Spielfilm etwas anderes, als es uns die dokumentarischen Bilder des Grauens sagen könnten).

»Schindlers Liste« ist, ganz direkt und in übertragendem Sinn, noch einmal eine Befreiung, die Befreiung von einem Abbildungsverbot, die Befreiung aus einer kulturellen Lähmung, eine Befreiung für das Sprechen über den Faschismus hier und heute vielleicht. Er ist darin sehr amerikanisch und sehr zeitgemäß, daß er sowohl dem Faschismus die Qualität des Ideologischen abspricht und ihn als ein kriminelles Umkippen der Industrie charakterisiert, als auch keine ideologische Überwindung verspricht. Der russische Soldat auf dem Pferd als Bote der Befreiung, der den Juden nur sagen kann, daß sie dort, wo er herkommt, auch nicht willkommen sein werden und daher ihren Zug nach Westen bestimmt, ist als Gestalt viel zu traurig, um noch einen ideologischen Diskurs zu eröffnen. Es genügt indes, um daran zu erinnern, daß die Leiden vieler Menschen aus den Konzentrationslagern nach der Befreiung noch nicht zu Ende waren.

Nichts Utopisches also, keine Hoffnung auf eine ganz und gar andere Welt am Ende, nur Menschen, konkrete, einmalige, unverwechselbare, unersetzbare Menschen, die dank eines anderen Menschen überlebt haben.

Exkurs: Vertrautes Bild und fremder Blick
Volker Schlöndorffs »Der Unhold«

Das Gelingen von Stephen Spielbergs »Schindlers Liste« (bei allen Vorbehalten, die man gegenüber diesem Film haben kann) rührt nicht zuletzt von der Distanz; dieser Film entstand nicht in der Kultur, in der sich das unübersichtliche Durcheinander von Abbildungsverbot, Verdrängungsmythologie und verborgener faschistischer Kontinuität als eigene Sprache über die Vergangenheit entwickelte, er entstand jenseits der Bilderfallen, in die ein deutscher Film immer geraten muß und aus denen er sich nur mit einer wahrhaft radikalen Reflexion seiner Mittel zu befreien vermag. Es kann keinen Film »Schindlers Liste« in der deutschen Cinematographie geben, weil es hier keinen Ort und keine Perspektive der Unschuld geben kann. Spielberg sieht den Faschismus als etwas Fremdes, das er sich mit den Mitteln einer sehr universalen Erzählstrategie bis zu einem gewissen Grad vertraut macht. Gerade darum kann er dem Bild Würde und Reinheit lassen. Es ist weder von den kulturbiographischen Bindungen noch dem »Ansteckungseffekt« durch die faschistischen Bilder bedroht, die gleichsam notwendig in der deutschen Kultur herrschen, in der die große Bildermaschine des Faschismus nie wirklich zu produzieren aufhörte. In Spielbergs Film gibt es keinen Augenblick der »Faszination« durch den Faschismus.

Die unterschiedlichsten Strategien haben sich in der deutschen Nachkriegs-Filmgeschichte entwickelt, um den Bilder- und Biographie-Fallen zu entgehen, und manche hatten sogar Erfolg: die »kalte« Beschreibung des autoritären Charakters und seines Systems, der

Banalität des Bösen in Theodor Koutullas »Aus einem deutschen Leben«, die schmerzhafte Anverwandlung der Ufa-Sprache in Fassbinders »Lili Marleen«, die Unerbittlichkeit in der Darstellung der Mitschuld des einzelnen Menschen in Andreas Grubers Rekonstruktion der »Hasenjagd« etwa. Das relative Gelingen dieser Filme ist gewiß nicht zuletzt den Entscheidungen zur bewußten Reduktion und Fragmentierung verdankt; nur einzelne Aspekte, nicht das »ganze« der faschstischen Gesellschaft kam in ihnen zur Sprache und zum Bild. Doch was mit den Mitteln der politischen Analyse, der Psychologie, des kritischen Historismus zu bannen war, das brach an anderer Stelle nur um so deutlicher wieder auf; die Faschismus-Bilder, die die populäre Kultur in Deutschland hervorbrachte, konnten in der Mischung von Distanzierung, Dämonisierung, Verharmlosung und Selbstvergebung nie zu einer radikalen Geste finden. Noch in die kritischen Versuche mußte sich überdies eine Art Nostalgie einschleichen, die Sehnsucht nach einer Zeit, die der Faschismus gleichsam okkupiert hatte. Wie schön wäre die Welt in Geissendörfers »Gudrun« oder in Vilsmeiers »Herbstmilch« etwa, wenn nur nicht diese Faschisten gewesen wären! Und kein Wort, kein Bild davon, daß in der Beschwörung dieser okkupierten deutschen Schönheit schon wieder selber etwas von den Welt- und Menschenbildern der Faschisten aufscheint: die Sehnsucht nach einem alten Glück in Deutschland in Form des neuen Kitsches.

Unter den Strategien, mit den Bilderfallen und ästhetisch-moralischen Widersprüchen der Produktion von Bildern über den deutschen Faschismus umzugehen, gibt es kaum eine furchtbarere als die »neue Unbefangenheit«, mit der man glaubt, sich dem Nationalsozialismus in einer selbst gewählten Mischung aus frivoler Faszination und historischer Distanz nähern zu können. Der erste große deutsche Faschismusfilm der »Unbefangenheit« ist Volker Schlöndorffs »Der Unhold« geworden. Er entstand nach dem Roman »Der Erlkönig« von Jacques Tournier, dem Jean Amery gewiß nicht vollkommen zu Unrecht eine »ästhetisierende Darstellung des Faschismus« vorgeworfen hat. Nun muß ein solches Urteil keineswegs die Verfilmung des Romans ausschließen, aber man hätte erwarten können, daß der Regisser Volker Schlöndorff sein Material zumindest etwas kritisch reflektieren würde. Stattdessen wischt er Amerys Aussage schnell vom Tisch: »Das war eine andere Zeit. Ich bezweifle, ob man das heute wieder so sagen würde«, läßt er verlauten, und erklärt: »Ich habe eigentlich ein Vergnügen daran, diese aufgedonnerten Nazis und die Begeisterung der Hitlerjugend darzustellen, ohne mich dauernd davon zu distanzieren. Früher hätte man da mit Schutzbehauptungen rangehen müssen.« Daß er bei den Dreharbeiten, wie zu hören war, selber stets in einer Militärhose erschien, macht den Diskurs der »Unbefangenheit« vielleicht noch ein wenig aggressiver.

Ganz offensichtlich hat sie sich auch auf die schauspielerische Bearbeitung der Rollen übertragen. Keiner scheint in diesem Film seine Rolle als Verhandlung, als Versuch über eine (von vielen) faschistischen Persönlichkeiten begriffen zu haben. Man hatte, so scheint es, nur die Wahl zwischen Karikatur und innerer Versöhnung. Heino Ferch, der den gemeinen Durchhalte-Offizier spielt, sieht seine Rolle nicht als Abschreckung: »Eigentlich bin ich ein Guter. Ich bin nur auf dem falschen Weg.« Treffender kann man diese Art des Revisionismus gar nicht bezeichnen.

Gerade weil die Geschichte, die der Film vom Roman übernimmt, zugleich einfach und durch ihre Perpektivwechsel doch mehrschichtig wirkt, hätten sich gewiß Möglichkeiten der Kommentierung, der kritischen Brechung, der Selbstbefragung ergeben. Aber von Anfang an will Schlöndorff auf ein geschlossenes Bild hinaus, so als könne er auch hier seiner Technik der freundlichen Literatur-Bebilderung folgen, die ihm immerhin bei der »Blechtrommel« einen Achtungserfolg eingebracht hat. Das Film-Bild bei Schlöndorff ist die dezente Realisierung dessen, was an Bildhaftigkeit in einem literarischen Text angelegt ist, soweit es dem Plot dient. Das beste, was man von seinem Filmen sagen kann, ist, daß sie (bei offensichtlichem handwerklichen Geschick) mit ihren Vorlagen stets respektovll umgehen. Das ist aber auch zugleich das schlimmste, was man von ihnen sagen kann. Sie fügen dem Text nichts hinzu, sie befragen ihn nicht, sie lassen ihn nicht neu erscheinen; es ist ein Kino für die Bequemsten unter den neuen und alten »BildungsbürgerInnen«.

Diese Technik der filmischen Bebilderung, die, weil sie niemandem ernsthaft weh tut, auch nicht sonderlich kritisiert werden muß, eignet sich naturgemäß für europäische, gar transatlantische Zusammenarbeit; es ist die Medialisierung internationaler Feuilleton-Gewißheiten. Aber in diesem Fall beginnt damit ein schmerzhaftes künstlerisches Scheitern an einem Projekt, das beinahe alles hätte werden dürfen, nur kein nivellierter, abwärtskompatibler Illustrationsbrei und der offensichtliche Versuch des Regisseurs, an eigene Arbeiten und die seines Vorbildes Louis Malle anzuknüpfen, ohne den Mainstream-Appeal aufs Spiel zu setzen.

So mußte schon bei den Dreharbeiten, die natürlich auf englisch vonstatten gingen, daher verlorengehen, wie sehr sich der deutsche Faschismus in Sprache und im Sprechen ausdrückt und formt. Das deutsch akzentuierte Englisch der Faschisten-Darsteller erscheint zunächst wie eine bizarre Distanzierung, und wenn es auch in der deutsch synchronisierten Fassung verschwindet, so bleibt doch auch im Spiel der Darsteller diese unfreiwillig karikaturhafte Verfremdung bestehen. Man merkt überdies, daß Schlöndorff mit den internationalen Schauspielern nicht hart gearbeitet hat; jeder von ihnen scheint in seinem eigenen Film zu sein, liefert das eine oder andere Kabinettstück an Darstellung ab und versucht, seinen Mythos zu bewahren. So gibt es schon im Spiel des einzelnen und erst recht dann im Ensemble keinen Ansatz zu einem analytischen Spiel. Weder der Regisseur noch die Schauspieler geben mir auf meine Frage, warum diese Figur an diesem Ort ist und sich auf diese Weise verhält, eine andere Antwort als diese: Weil es so im Text steht. So wie sich in Volker Spenglers Göring poetische Farce und heftige Klamotte berühren, so kippt andererseits der Film immer wieder in eine »realistische« Erzählweise; Michel Tournier erzählt aus einem ebenso reichen wie ver-rückten Innenleben seines Helden heraus, der sehr viel mehr phantasiert als beobachtet; der Film übersetzt dies recht linear, indem er (vielleicht vom Schlußbild abgesehen) alle Elemente in »objektive« filmische Realität übersetzt.

Der Unhold, Abel Tiffauges, gespielt von John Malkovich, ist geprägt von seinen Erlebnissen im Internat von St. Christopherus. Da wurde er immer ungerecht bestraft, war für die Machtspiele immer zu langsam, wuchs zum klassischen Sündenbock heran. Als er sich wünscht, die Schule würde abbrennen und dies auch tatsächlich geschieht, glaubt er an eine magische Bestimmung in seinem Leben, an eine übersinnliche Kraft, die ihm zur Verfügung steht. Aber zugleich sehnt er sich immer nach der Kindheit zurück, sucht immer die Gegenwart von Kindern. Nun betreibt er eine kleine Autowerkstatt; gelegentlich lädt er das kleine Mädchen Martine mit auf eine Spazierfahrt, das ihn eines Tages jedoch bezichtigt, sie vergewaltigt zu haben. Diesmal ist es ein anderer Brand, der ihn rettet, der Ausbruch des Krieges. Abel wird Soldat, gerät in Gefangenschaft und wird nach Ostpreußen gebracht. Er ist hier glücklicher als daheim, fühlt sich hier eher verstanden als in Paris. In den Wäldern um das Gefangenenlager, das er nach Gutdünken verläßt und wieder aufsucht, findet er eine kleine Hütte, und ein alter blinder Elch wird sein Freund. Dort trifft auch der Jagdhelfer von Göring auf ihn, und Abel steigt zunächst einmal zum Pferdeburschen auf. Er ist fasziniert von der prunkvollen Aufwartung Görings in seinem Jagdschloß, der seine Hände in Diamanten kühlt und in einer aberwitzigen Phantasieuniform auftritt. Die Nachricht vom Geschehen in Stalingrad löst die absurde Jagdgesellschaft auf; der Oberforstmeister (Gottfried John) wird an die Ostfront strafversetzt, und Abel erhält zum Abschied sein Pferd und eine Anstellung auf Schloß Kaltenborn, einer »national-politischen Erziehungsanstalt«, zunächst eine Elite-Schule für arische Jungen, dann immer mehr eine Aus-bildungsstätte für Kindersoldaten für den »Endkampf«. Abel blüht in der Welt der Jungen, die sich so glühend an Lagerfeuern, Fanfarenzügen und Uniformappellen begeistern, noch mehr auf; er macht sich überall nütz-lich, ist allgegenwärtig: er hat sein Paradies gefunden als Wächter über den Schlafsaal der Jungen. Und dann wird er zum Erlkönig; auf seinem Pferd »Blaubart«, begleitet von gewaltigen Hunden reitet er durch die umliegenden Ortschaften, um neue Jungen für Kalten-born zu holen, mit Überredung hier, mit Gewalt dort. Der Leiter der Schule (Armin Mueller-Stahl) entpuppt sich als Mitglied des Widerstandes und wird verhaftet; die Institution ist dem Wahnsinn des Arztes, der die Schädel der Kinder vermißt, um die »Rassereinheit« zu erkunden, und dem des Offiziers, der die Kinder gezielt auf den Selbstmord-Einsatz vorbereitet, ausgeliefert, nur Abel und die Haushälterin (Marianne Sägebrecht) haben sich noch so etwas wie menschliche Zuneigung bewahrt. Der Krieg kommt immer näher, und schließ-lich begreift Abel, wofür er die Kinder geholt hat. Er ver-sucht, sie in die Wälder zu führen, aber die Jungen er-weisen sich als unrettbar, schlagen ihn nieder und ge-hen ins Feuer. Abel nimmt den kleinen jüdischen Jun-gen, den er in seiner Dachkammer verborgen hatte, auf seine Schultern und trägt ihn, ganz wie der Heilige Christopherus, durch den eisigen Fluß.

Beinahe noch mehr als in Tourniers Roman ist dieser Abel ein Verwandter von Oskar Matzerath – wissende Verrückte, die sich dem Erwachsenwerden widersetzen. Oskar ist der Mann im Körper eines Kindes, und Abel das Kind im Körper eines Mannes. Weil der erste Teil des Romans in Form der Tagebuchaufzeichnungen des Protagonisten gehalten ist, erfahren wir bei Tournier, daß die »Verrücktheit« Abels eher einer Konstruktion inneren Reichtums entspricht, während wir bei Schlön-dorff den Mann als reduzierte Person erkennen (so als stünde er nach dem Brand, den seine »monströse« Kraft ausgelöst habe, vor allem unter dem Eindruck einer schweren Schuld). Dabei heißt es am Ende seiner ersten Eintragung: »Ich heiße Abel Tiffauges, betreibe eine Autowerkstätte an der Place de la Porte-des-Ternes und bin nicht verrückt.«

Malkovich erscheint als neugierig suchender, seltsam unschuldiger, verletzter und ein bißchen blöder Mann. So wird die ganze Formel deutlich: »Die Verwirrungen des jungen Törleß« veruschen »Lacombe Lucien« zu erklären, der versucht, »Die Blechtrommel« zu erklären. Das kann gewiß nicht gelingen, denn Michel Tourniers Abel ist ein wenn auch »komisch« philsophierendes Subjekt, während er im Film nur als mehr oder weniger reiner Tor erscheint; seine Faszination durch den Faschismus hat nicht nur damit zu tun, daß der ihm so sehr vom magischen Schicksal durchdrungen scheint wie er selbst, sondern auch mit der Begeisterung für Descartes. Im Film sehen wir ihn genau so, wie er sich am Ende seiner Aufzeichnungen, wo ein »objektiver« Erzähler das Regiment übernimmt, beschreibt: »Ich habe niemals um eine Apokalypse gebetet! Ich bin ein sanfter Riese, der niemand ein Leides tut, der nach Zärtlichkeit lechzt, der seine großen Hände ausstreckt und sie zusammenlegt gleich einer Wiege (...) Ich möchte nichts, als mich über große, warm-dunkle Schlafräume beugen und lachende, tyrannische kleine Reiter auf meine Holzhackerschultern setzen.« Die Figur nach diesen seinen Worten zu inszenieren (die er, nebenbei, zu seiner Verteidigung und nachdem die Polzei sein Zimmer durchsucht hat, formuliert) heißt, auf ihn hereinzufallen, heißt, ihm zu glauben und die farcenhafte Dämonie, die von dieser Gestalt ausgeht, zum Mißverständnis zu erklären. Er ist auch nicht der Außenseiter, der sich durch die faschistische Reorganisation der Welt einen Platz in ihr erhofft, auch kein Opportunist, der dem Bösen folgt, bis ihn am Ende die Gnade ereilt, er ist im Buch identisch mit jenem »analen Engel« (dem Pferd), von dem Tournier spricht, und der die Worte (und die Wahrnehmung der Welt) unter die Mythisierung seines päderastischen Begehrens stellt. Der Erlkönig ist (unter anderem) ein Päderast, der Gott, die Welt und vielleicht sich selbst um die wahre Natur seiner Begierde betrügen will. (Im übrigen läßt Tournier in den erotischen Schwärmereien seines Helden nicht den geringsten Zweifel an der Sexualität seiner Inszenierungen.) Im Zentrum seiner erotischen Mythologie steht die Ablehnung der Frau, die ihn in der Gestalt der Frau Rachel überfordert und in der Gestalt des Mädchens Martine verrät. Abels mythischer Ausweg ist die Heiligung seiner Begierde in einer mythischen Geste, die Rettung und Erfüllung in ein Bild bringt; die Verwandlung in den St. Christopher, in das Pferd, den »analen Engel«, der das Kind über den reißenden Strom trägt, auch wenn es ihm immer schwerer wird. (Bezeichnenderweise muß zuerst ein Pferd »gepfählt« werden, bevor der Erlkönig zur Umkehr kommt.)

Wie (weitgehend) die sexuelle so bleibt auch die religiöse Dimension von Michel Tourniers Roman im Film ohne Äquivalenz. Deshalb erscheinen Abels mystische Erlebnisse und insbesondere seine letzte Verwandlung eher als Kitsch-Zitate, von denen man nicht recht weiß, was es eigentlich ist, was sie entlarven oder wohin sie führen sollten. Im Buch ist dieser Abel Tiffauges einer, der in biblischen Bildern rast und revoltiert (nebenbei auch im französischen Strafgesetzbuch). So bleibt als letztes die politische Metaphorik von der Verführbarkeit durch die faschistische Inszenierung, die freilich, losgelöst von den mythisch-sexuellen Projektionen jenes philosophierenden Kind-Mannes als ein wenig platt erscheinen muß.

Aber in Wahrheit sagt Schlöndorffs Film über den Faschismus nicht mehr aus als über Tourniers Roman; er rekonstruiert Bilder, wie wir sie kennen, vom grotesken Größenwahn und den Operetten-Inszenierungen der Macht, von der schwerblütigen Melancholie, von der aristokratischen Würde des Widerstandes, von der Psychose des Rassismus, von den Fackelumzügen und

Trommelwirbeln, den leuchtenden Augen zuerst und dann den klaffenden Wunden der Kindsoldaten. Die codierten Bilder lösen sich unter dem doppelt »fremden« Blick des Abel Tiffauges nicht auf, im Gegenteil, sie scheinen ihre Standfestigkeit zu beweisen. Und so entstehen aus der Passion eines Mannes, der immer Kind bleibt, aber am Ende doch wenigstens das verloren hat, was die Kindlichkeit beschützt, das Vertrauen in die Bestimmung des Lebens, lauter fatale Unschuldsbilder. Wie für den Helden ist auch für den Film der Faschis- einfach schicksalshaft da, verführerisch eben. Dagegen verschwimmt der Diskurs von Schuld und Unschuld, und anders als durch den Blick von Oskar Matzerath ist durch Abels Blick nichts enttarnt; Blick und Bild entsprechen einander vollkommen. Der Faschismus ist das, was dieser Blick ersehnt und was ihm vorgemacht wird. Daher wendet sich auch die letzte Inszenierung Abels, seine mythische Rettung des jüdischen Knaben, von der Erkenntnis ab, die der ungeheure Schock ausgelöst haben könnte, als aus der Inszenierung ernst wird, der Faschist schon als Kind nicht mehr zu retten und nicht mehr von seiner Bestimmung abzubringen ist, tötend in den Tod zu gehen.

Dabei ist Tourniers Roman voll von Hinweisen auf den Zusammenhang zwischen Wahrnehmung und Faschisie- rung. So heißt es in einer der Notate Abels: »Ich frage mich manchmal, weshalb ich so geduldig und fügsam bin, seit ich deutschen Boden unter den Füßen habe. Der Grund ist, daß ich mich hier andauernd einer von Zei- chen erfüllten Wirklichkeit gegenübersehe, die fast immer klar und eindeutig ist, oder, wenn sie schwer lesbar wird, sich tiefer auftut und an Reichtum gewinnt, was sie an Deutlichkeit verliert.« Tourniers Roman ist so voll von Spuren wie von Verdeckungen. Schlöndorff ver- filmt die Verdeckungen und läßt die Spuren unverfolgt.

Maus: Ein Vater blutet Geschichte

Das Erscheinen des ersten Teils der Comic-Geschichte
»Maus« über das Überleben von Auschwitz und Dachau
aus dem Jahr 1989 wurde hier und dort durchaus als
Skandal empfunden. Art Spiegelman, den Comic-Aficio-
nados vor allem als Herausgeber des Magazins *Raw* und
eigenwillig reduzierender Künstler bekannt, brachte die
Geschichte seines Vaters Wladek in die Form eines Comic Strip. Der hatte vergeblich versucht, der Verfolgung
der Juden in Polen durch Flucht zu entkommen, und
war wie seine Frau und die meisten seiner Familie in
die Vernichtungslager von Auschwitz und Dachau gekommen. Die Juden werden in Spiegelmans Comic-Er-
zählung als Mäuse, die Deutschen als Katzen, die Amerikaner als Hunde und die Polen als Schweine dargestellt. In klaren Schwarzweiß-Bildern, Gestik und Mi-
mik auf das äußerste vereinfacht, und im epischen Duk-
tus einer schwierigen Erinnerungsarbeit war ihm eine
verstörende Mischung aus familiärer Autobiographie,
oral history und Aufklärung in einem bislang dafür
wenig genutzten Medium gelungen. Das Geschehen in
Form einer Tierfabel läßt dem Leser nicht den gewohnten Ausweg des psychologischen Realismus, des melodramatischen Qualinquismus, die Identifikation mit
dem einen gegen den anderen, die tückische Relativierung der Gefühle. Das Spiel von Mitleid und Symbiose,
Verdrängung und Relativierung aus der Entschuldungsmythologie war hier auf den Kopf gestellt.

»Maus« wurde innerhalb kurzer Zeit zu einem Ge-
sprächsthema auch unter Leuten, die sich noch nie Gedanken über die Darstellbarkeit der Welt im Medium
Comic gemacht hatten. Waren die deutschen Nazis die
Tomcats und die Juden die Jerrymouses der Geschichte?

Hieß diese Tier-Metaphorik nicht, das historische Grauen unzulässig zu verallgemeinern? Oh nein, in der Maske der Fabel zeigen Spiegelmans Figuren nur umso genauer die von den Konventionen befreiten Nuancen und Beziehungen der Grausamkeit und des Leidens. Art Spiegelman nutzt die Tierfabel als Maske (durch die das Unsagbare auch gesagt werden kann), so wie er sich selbst mit einer Maus-Maske vor dem Gesicht darstellt. (Einmal macht sich auch Wladek unkenntlich, indem er sich mit einer Schweine-Maske als Pole ausgibt, die Hand zum Hitler-Gruß erhoben, um eine für Juden verbotene Straßenbahn zu benutzen.) Erinnerung, Spiegel, Maske und Sprache werden zum bedeutenden Nebenthema seiner Arbeit, die stets reflektiert, daß sie nicht vollständig gelingen kann: »Wie immer man's bringt, man muß irgendwie lügen«, sagt Spiegelman in einem Gespräch mit Gordian Troller, »man hat nur die Wahl, entweder ganz zu schweigen oder zu reden, wo Worte machtlos sind. Bestenfalls kann man Wahrheit andeuten.«

Die scheinbare Einfachheit des Zeichenstils, der schnell die Empfindsamkeit für das Wesentliche eines Strichs schärft, überlagert einen hochkomplizierten Vorgang von Erinnern, Erzählen und Wiedergeben. Art und Wladeck haben nicht die allerbeste Beziehung zueinander. Der Vater ist verbittert, geizig und eigensinnig. Die erste Seite von »Maus« beginnt mit der schwierigen Annäherung: »Ich fuhr zu meinem Vater nach Rego Park raus. Ich hatte ihn lange nicht gesehen – wir verstanden uns nicht so gut.« Um all das wird es in der Folgezeit gehen, um eine Beziehung zwischen Vater und Sohn, um die Überlegungen des Autors (später auch über die medialen und persönlichen Auswirkungen seines Erfolges) und um die Erinnerung von Wladek Spiegelman. Trotz ständiger Konflikte zwischen beiden gelingt es Art, seinen Vater einen Lebensbericht auf Tonband sprechen zu lassen, den er zu einem Buch verarbeiten will. Art versucht alles, um seinen Vater, seine Handlungen beim Überleben und später, auch die

Struktur, das Über-Persönliche im Holocaust und seiner Wahrnehmung zu verstehen. Ganz und gar kann ihm das nicht gelingen, und so ist »Maus: A Survivor's Tale« auch eine Dokumentation von Annäherung und Distanz.

Der Schrecken des Geschehens wird gesteigert durch die Tatsache, daß die Überlebenden keine Helden sind, daß kein moralischer Sinn darin zu liegen scheint, wer überlebt und wer den Nazi-Katzenschergen zum Opfer fällt. Die Arbeit der Erinnerung bringt keine Klarheit, sie bringt auch Art Spiegelman immer wieder in Situationen von Ratlosigkeit und Verzweiflung.

Der Vater erzählt, fast emotionslos will uns zu Beginn scheinen, auch er wie unter einer Maske, von seinem Überleben. Dabei ist er geschickt, er wird hier und da über das Leiden seiner Mithäftlinge hinwegsehen, seinen Vorteil suchen, das System von Unterdrückung, Mord und Terror als Opfer, aber machmal auch als letztes Glied der Mittäterschaft tragen. Und dennoch wird er Auschwitz und Dachau nur durch Glück überleben. Manchmal ist diese Kälte des Überlebens vom Sohn und von uns kaum zu ertragen. Die Mäuse werden abgeholt und sterben im Gas, es ist die grausamste Erfahrung, daß darin kein Sinn, nicht einmal ein System zu erkennen ist. Und Wladek und die anderen leisten keinen Widerstand, sie mobilisieren immer nur ihre letzten Kräfte, um zu überleben. Während das Verstehen auf der Ebene der Physis immer klarer wird, wird es auf der Ebene der Seele immer schwieriger. So wird »Maus« die Geschichte einer Befreiung von einer schweren Last, die paradoxerweise durch das Erinnern und gegen alle psychologischen Mythen noch schwerer wird. Der Vater kann mit der Arbeit des Sohnes nichts anfangen – »und davon kann man leben?« –, der Sohn kann immer noch nicht alles akzeptieren, was der Vater getan hat, um zu überleben. »Mörder«, das sind die letzten Worte des Sohnes im ersten Band. Wutentbrannt verläßt er den Vater, nachdem er erfahren hat, daß der an einem Tag, »als es ihm sehr schlecht ging«, die Aufzeichnungen seiner Frau Anja, der Mutter Arts, vernichtet hat, die

178

den Holocaust ebenfalls überlebt hat, aber mit der Last der Erinnerungen nicht fertig wurde und 1968 Selbstmord beging.

Der zweite Band beginnt mit einem scheinbar heiterem Vorspiel: Art will seine Frau Françoise in die Geschichte integrieren, aber er weiß nicht recht, als welches Tier er sie gestalten soll. Soll sie ein Frosch sein (als Frogs wurden von den Amerikanern im Zweiten Weltkrieg die Franzosen bezeichnet)? Ein Kaninchen, schlägt sie vor. Aber das hält Art für »zu niedliche und zart«, und er erinnert an den Antisemitismus der Franzosen bis hin zur Kollaboration. Aber Françoise wird eine Maus sein in dieser zweiten Geschichte vom Erinnern, »Maus II: Und hier begann mein Unglück«: »Ich bin übergetreten, oder?«

Auf einer einzigen Seite mit einer so belanglos scheinenden Episode hat Spiegelman schon die Probleme seiner Arbeitsmethode beschrieben und die, die sich dahinter verbergen: die eigene »Identität«, die nicht zu haben ist ohne die Geschichte. (Braucht man Identität? Oder ist sie eine Schimäre, das schon lauernde faschisierende Gefräß in den Löchern der Seele? Identität ist ein seltsamer Prozeß zwischen der Wahrnehmung der Welt und der Idee davon, von ihr wahrgenommen zu werden: Je mehr man sich angesehen fühlt, desto mehr »Identität« meint man wohl zu brauchen, je mehr man zu blikken träumt, scheint sie einem fragwürdig; »nationale Identität« ist die Sehnsucht nach Blicklosigkeit, historische Identität die Sehnsucht danach, als Bild nicht im Augenblick zu vergehen.) Und umgekehrt ist die Geschichte auch das, was einen an der eigenen Identität hindern mag. So direkt Spiegelman also am autobiographischen Material und an den einmal gewählten Bedingungen seiner Tierfabel bleibt, so viel steckt doch auch kritische Theorie zu Ästhetik, Geschichte und Philosophie darin.

Zunächst läßt sich das Buch lesen wie eine besondere, eine gezeichnete Form des Romans, der auf drei Ebenen spielt: Auf der ersten (oder letzten) kämpft der Künstler mit seinem Stoff und mit sich selbst (Subjekt eben jener Suche nach Identität und Kontinuität, die sich als falsche Frage erweisen muß). Er versucht – und die Vergeblichkeit wird ihm im selben Augenblick bewußt – wenigstens eine chronologische Ordnung in seine Arbeit, in seinen Familienroman und in sein Leben zu bringen. Kapitel zwei, »Auschwitz (Die Zeit verfliegt)«, beginnt mit Bildern, die Art Spiegelman am Zeichenbrett zeigen. Er hat eine Maus-Maske vor dem Gesicht, dahinter bemerkt man, daß er sich wohl den einen oder anderen Tag nicht rasiert hat. Fliegen oder Motten umkreisen ihn, während er, die brennende Zigarette im Mund, zu zeichnen versucht. »Wladek starb an akutem Herzversagen am 18. August 1982... Françoise und ich waren im August 1979 bei ihm in den Catskills.« – »Wladek begann seine Arbeit als Blechner in Auschwitz im Frühjahr 1944... Ich habe mit dieser Seite Ende Februar 1987 angefangen.« – »Im Mai 1987 erwarten Françoise und ich ein Baby... Zwischen dem 16. Mai 1944 uind dem 24. Mai 1944 wurden in Auschwitz mehr als 100.000 ungarische Juden vergast...« Der Autor wendet sich nun vom Zeichenbrett ab und uns zu: »Im September nach 8 Jahren Arbeit kam der erste Teil von MAUS heraus. Es war ein Erfolg sowohl bei den Kritikern als auch bei den Käufern.« Nun sinkt er über dem Zeichenbrett zusammen, unter dem sich die ausgemergelten Leichen der Ermordeten türmen. »Mindestens 15 ausländische Ausgaben erscheinen. Ich habe seriöse Angebote, aus meinem Buch einen Film oder ein Fernsehstück zu machen. (Ich will nicht.) – Im Mai 1968 hat meine Mutter sich umgebracht. (Sie hinterließ keinen Brief.) – In letzter Zeit fühle ich mich deprimiert.«

Aus dem Fenster kann man den Wachturm eines Konzentrationslagers erkennen. Eine Stimme aus dem Off sagt: »Okay, Mr. Spiegelman, schießen wir los.« Ganz buchstäblich schrumpft der Autor unter der Zudringlichkeit der Fernsehteams, die von ihm die »Message« seines Buches erfahren wollen. »Ne Message? Weiß nicht.« Und schon taucht aus dem Leichenberg auch ein deutscher Reporter (mit einer Katzen-Maske vor dem Gesicht) auf und verlangt forsch zu wissen, warum sich die jungen Deutschen immer noch schuldig fühlen sollten. »Woher soll ich das wissen?«, meint Art verzweifelt, und: »Aber eine Menge Firmen, die unter den Nazis floriert haben, sind heute reicher denn je. Ich weiß nicht... Vielleicht muß sich *jeder* schuldig fühlen. *Jeder. Ewig*!«

Hilfe findet Art in solchen Situationen, wo er sich wie ein kleines hilfloses Kind fühlt, bei dem Psychiater Pavel, auch er ein Überlebender von Theresienstadt und Auschwitz. Nebenbei verweist Spiegelman wieder auf seine Darstellungsebenen, indem er erwähnt: »Bei ihm gibt's massenhaft streunende Hunde und Katzen«, und zweifelnd anmerkt: »Kann ich das erwähnen, oder ruiniert das meine Tier-Metapher?«

Spiegelman gibt uns in Szenen wie dieser Orientierungshilfen und zeigt zugleich den Prozeß des Bilderfindens, der immer von »Fälschung« bedroht ist. Wie er im ersten Teil Seiten eines eigenen Artworks mit in die Erzählung gearbeitet hat, das seinen Vater und dessen Frau beeindruckt, obwohl sie sich sonst nicht um seine Arbeit gekümmert hatten (»Es ist so... so persönlich«, sagt Mala, Wladeks zweite Frau, die unter seinen Launen und seiner Tyrannei zu leiden hat, so daß sie ihn schließlich verlassen wird, nur um im Angesicht neuer Krankheit wieder zu ihm zurückzukehren, zu der Bildgeschichte, die den Selbstmord von Arts Mutter darstellt), so arbeitet er in »Maus II« eine wirkliche Fotografie seines Vater in Häftlingskleidern ein, die sich aber schon durch das nächste kommentierende Panel als Fälschung erweist: Wladek hat es später in einem Fotogeschäft machen lassen, mit einer neuen KZ-Kleidung, »um zu machen Erinnerungsfotos«.

Erinnern und Fälschen sind auch das Bindeglied zwischen der ersten und der zweiten Erzählebene, der Geschichte einer ausgesprochen schwierigen Vater/Sohn-Beziehung. Wladek Spiegelman ist ein oft unausstehlicher Despot und manischer Geizhals, der seine Umwelt tyrannisiert und nur selten bemerkt, daß sein Verhalten und seine Geschichte miteinander zu tun haben. Nach etlichen Herzanfällen, nach dem Selbstmord seiner Frau und nachdem seine zweite Frau, wieder eine Überlebende des Holocaust, ihn verlassen hat, droht er zum Pflegefall für Art und Françoise zu werden, die schon nach kurzer Zeit mit ihm an den Rand der Verzweiflung gebracht werden. Wieder benutzt Art die Gelegenheit, die Lebensgeschichte seines Vaters auf Tonband festzuhalten. Immer wieder bricht der seltsame Alltag Wladeks dazwischen, sein grenzenloser Egoismus, aber auch seine Unfähigkeit, aus seinem Erleben Einsicht zu gewinnen: Als Françoise einmal einen Anhalter mitnimmt, einen Schwarzen, ist Wladek entsetzt. Es will ihn vor unterdrücktem Zorn und Wut schier zerreißen. »Das ist doch ungeheuerlich! Wie kannst ausgerechnet du so ein Rassist sein?« entgegnet Françoise auf Wladeks Attakken. »Du redest über Schwarze wie die Nazis über die Juden!« – »Ach! Ich hab gedacht wirklich du bist mehr intelligent wie das, Françoise... Noch nicht einmal zu VERGLEICHEN sind die Neger und die Juden.«

Durch Episoden wie diese werden die Geschehnisse der dritten Erzählebene verändert. Auf ihr geht es um Wladeks Geschichte und, soweit sie sich ohne die vernichteten Unterlagen rekonstruieren läßt, die von Anja Spiegelman, geborene Zylberberg.

Weil es wahrhaftig um eine persönliche Geschichte geht, wird »Maus« auch zur Geschichte des Verhaltens unter den Umständen des Terrors und der Vernichtung. Die Chance, ein Held zu werden, hat niemand, und auch eine metaphysische Produktion von nachträglichem Sinn kann nicht stattfinden. Daß nicht die Besten überlebt haben, daß auch nicht die Besten umgekommen sind, sagt ihm der Psychiater; es war nichts als Zufall.

Im ersten Band, »Die Geschichte eines Überlebenden«, wird das Geschehen noch von einer doppelten Wut vorangetrieben, vom Zorn gegen das deutsche Mörderregime und vom Zorn gegen den Vater, der es nur überleben konnte. Im zweiten Band nehmen die Widerstände gegen das Erzählen, die Selbstzweifel überhand. Es wird deutlich, daß nur ein Segment einer Katatstrophe erzählt wird, die gewaltiger ist als das persönliche Leiden, einer Katastrophe, die noch nicht wirklich aufgehalten ist, die sich fortsetzt in einem scheinbar befriedeten Alltag. Und gerade in dieser Beschränkung, in der Spiegelung der Ebenen ineinander, wird das Ausmaß der Katastrophe zumindest erahnbar. Art Spiegelman macht seinen Vater nicht zum Opfer, nicht zum Täter, sondern beläßt ihn in seiner hilflosen Widersprüchlichkeit. Unausgesprochen aber immer spürbar ist die Frage, was, wenn diese Maus als Katze geboren worden wäre?

Der Titel von Band II, »Und hier begann mein Unglück«, bezieht sich zunächst auf eine Aussage von Wladek Spiegelman über die Auflösung von Auschwitz und eine furchtbare Reise nach Dachau. Es ist aber auch ein fast sarkastischer Kommentar zu einer Änderung der Umstände. Als nämlich das »System« der Vernichtungslager zusammenbricht und eine noch mörderischere Anarchie beginnt, funktionieren zum ersten Mal auch Wladeks Überlebensstrategien nicht mehr. In Dachau herrscht Typhus, und er erkrankt. Es ist nicht eigentlich das Terrorregime, dem er sein Unglück verdankt, sondern die furchtbare Natur. »Hier begann mein Unglück« heißt aber auch, daß hier all das stattfand, was nicht mehr zu tilgen ist, was sein eigentliches Glück, das Überleben und das Wiederfinden seiner Frau unlösbar mit Schuld verknüpft. Als Metapher betrachtet, meint dieses vordergründig so absurde »Und hier begann mein Unglück« wahrscheinlich nichts anderes als die Internalisierung des Terrors, das heillose Verschwimmen von Geschichte und Natur, die endgültige Vergiftung der Terrorisierten durch den Terror.

Wladek und Anja finden sich wieder, aber sie haben auch in Polen keine Heimat mehr. Der Nationalsozialismus ist besiegt, aber der Antisemitismus herrscht wie eh und je. Sie gelangen über Schweden in die USA, aber auch da gibt es kein Leben, nur das Überleben. Wladek mobilisiert erneut seine Überlebenstugenden, während Anja sich selbst tötet. Mala, die zweite Frau, hat vergeblich Halt und Solidarität bei ihm gesucht, der Sohn leidet unter anderem daran, daß er einen Rivalen in seinem Bruder Richieu hat, der von den Nazis wie die meisten der Familie Spiegelman umgebracht worden ist. Richieu war stets der Bessere, das Vorbild. »Ich bin MÜDE vom Reden, Richieu, und für jetzt ist genug erzählt«, sagt der kranke Vater am Ende zu Art im letzten Bild von »Maus II«. Ist es eine Versöhnung oder eine letzte Demütigung, daß seine beiden Söhne für Wladek nun zu einer Person geworden sind? Keine Lösung, ein Umstand. Darunter ist das Grab von Wladek und Anja Spiegelman zu sehen. Noch einmal Daten, Zahlen, Namen. Nun haben sie eine Geschichte. Gewidmet hat Art Spiegelman dieses Buch Richieu.

Es gibt in der radikalen Methode Spiegelmans, nur das Direkte und Wahrhaftige zuzulassen, die Fälschung als solche zu zeigen, auch wenn sie »gut ins Bild« paßt, als Lösung nur die Arbeit selbst. Pavel, der Psychiater, hilft ihm dabei: »Vielleicht kannst du es in deinem Buch unterbringen«, ermutigt er ihn angesichts unaufhebbarer Paradoxien, und selber verweist er das Verhältnis von Schuld, Sühne und Opfer auf die Natur. »Sieh dir doch mal all die Bücher an, die über den Holocaust schon geschrieben worden sind. Na und? Die Menschen haben sich nicht verändert...« Kann uns das entlasten, ist es das, was den ungeheuren internationalen Erfolg des Buches in einer Zeit ausmacht, wo das historische Durcheinander gegen alle Erinnerung spricht?

Art Spiegelman hat aber nicht nur einen Roman, sondern vor allem einen Comic Strip geschaffen, wenn auch mit starken Text-Anteilen und mit romanhafter Erzählstruktur. Dieser Umstand hat in der traditionellen Kritik am ehesten Unbehagen ausgelöst, auch wenn die Bände in den USA wie in Europa bei Buch- und nicht bei Comic-Verlagen herausgebracht und auf den Bestseller-Listen unter »fiction« geführt wurden. In einer Reihe von Rezensionen wurde denn auch versucht, Spiegel-

184

mans Arbeit aus dem Kontext dieses Mediums zu lösen. Wie bei der Fernsehserie »Holocaust« forderte gerade die konservative Kritik, das Buch nicht ohne begleitendes, traditionell historisches Material in die Hände von Kindern gelangen zu lassen, die man als primären Adressaten der Form ansah. (Im übrigen hat Spiegelman auf einer CD-ROM vorbildlich realisiert, wie ein Comic Strip mit zusätzlichen Informationen zu erweitern ist.) Auf der anderen Seite, und auch dies zeugt von einer gewissen Ignoranz gegenüber dem Medium, wurde »Maus« zum Beispiel von Ethan Mordden im *New Yorker* als »erstes Meisterwerk der Comic Strips« bezeichnet, das die »Versprechen von ›Little Nemo‹ und ›Krazy Kat‹ einlösen« und dem Medium dazu verhelfen könnte, in den Rang einer »genuinen amerikanischen Kunstform« zu erhoben zu werden. Wenn auch diese Ignoranz gegenüber einer weiten und vielfältigen Entwicklung des Mediums von der Fachpresse und im Fandom naturgemäß nicht geteilt wurde, so erkannte man doch auch hier den einzigartigen Rang des Werkes und einen neuen Dialog zwischen dem Medium und der traditionellen Kultur. »Nach ›Maus‹«, schrieb etwa Dale Luciano in *The Comics Journal,* »kann niemand mehr sagen, daß das Medium der grafischen Erzählung nicht dazu geeignet wäre, das Komplexe und Delikate der menschlichen Emotionen auszudrücken.«

Aber daß »Maus« ein Comic Strip ist und sehr bewußt in diesem Medium gehalten bleibt, ist Teil seiner Aussage, Teil der langen Wanderung auch, die das Erinnern durch die Menschen, die Gesellschaften und die Kulturen nimmt. Comic Strip – das könnte zunächst heißen, eine Übersetzung ins Zeichenhafte unter dem Primat des Bildes, es könnte eine Vereinfachung sein, pädagogisches Entgegenkommen für die Zeit der Entalphabetisierung. »Maus« ist das Gegenteil, eine Untersuchung auch über die Wirkung und die Produktion von Bildern, die Spiegelman im zweiten Teil mit noch gesteigerter Intensität und Reflexion betreibt. Spiegelman erzählt nicht nur »filmisch«, in einer Abfolge von »Einstellungen«, sondern auch in mehrfachen Beziehungen zwischen den Einzelbildern: Bild 1 zeigt Wladeks Kopf, Bild 2 sein Mittelteil mit einer Handvoll Fotografien, Bild 3 die Füße mit am Boden verstreuten Fotografien. Die drei Bilder zusammen ergeben ihn zwar »als Ganzes«, doch sie erzählen auch in ihrer Teilung eine Geschichte des Erinnerns. Geschichte schreiben und Geschichte zeichnen, das heißt auf das reagieren, was als Motto über dem allerersten Kapitel des ersten Bandes steht: Mein Vater blutet Geschichte.

Die *Panel Expansion*, das »Wuchern« eines Bildes über mehrere Bildrahmen hinweg, setzt Spiegelman immer wieder ein. So zeichnet er in drei miteinander verbundenen Bildern eine Schlange von Häftlingen, die nach Suppe ansteht, den Beginn der Schlange mit den unerfahrenen Häftlingen (es konnte falsch sein, zu früh an den Suppentopf zu gelangen, weil man dann nur wässrige Flüssigkeit bekam), das Ende (es konnte auch falsch sein, erinnert sich Wladek, zu spät an den Suppentopf zu kommen, weil dann nichts mehr da war) und den Mittelteil mit dem essenden Wladek. Er ist der Überlebenskünstler. Zugleich aber beschreiben die miteinander verbundenen Bilder auch einen »Abstieg«, einen Weg in die Hölle, eine Schuld, die mit dem Überleben verbunden ist. Und als letztes verbindet dieses Tryptichon des Leidens zwei einander ähnliche Silhouettenbilder: Vater und Sohn sitzen unter einem Sonnenschirm. Diese Spannung wird aufgelöst durch ein letztes »Panoramabild« auf der Seite. Die Überlebenden löffeln ihre Suppe, während am Bildrand die Leichen der Verhungerten und Erschlagenen liegen, die sie keines Blickes würdigen. »Wenn du hast das gegessen, es ist gerade genug gewesen zu sterben langsamer«, sagt Wladek.

Auf der Ebene der Zeichnungen wird die Verführung des »Romans«, den Terror als etwas »Natürliches« hinzunehmen wie den »ewigen« Kampf zwischen Katze und Maus, zurückgenommen: Einmal erklärt einer der Häftlinge, in einem Panel eine Maus, im nächsten eine Katze, den erbarmungslosen Wächtern, er sei kein Jude, er

186

sei Deutscher wie sie, und der Kaiser habe ihm Orden verliehen. »Sie haben ihm geschlagen und ausgelacht«, erinnert sich Wladek. Die »Natürlichkeit« der Feindschaft ist damit ad absurdum geführt. Wer Jude ist, bestimmen die Machthaber.

Trotz des hohen Grades an Selbst-Reflexion ist Spiegelmans Tier-Metapher, insbesondere die Charakterisierung der Polen als Schweine, durchaus auch auf Kritik gestoßen, die ebenso wenig völlig von der Hand zu weisen ist, wie die kritischen Anmerkungen zu der Bearbeitung des Konfliktes mit seinem Vater, den Spiegelman, so Harvey Pekar gar, so negativ dargestellt habe, um selber besser dazustehen, eigene Schuldgefühle von sich zu weisen und schließlich als »real survivor« zu wirken. Freilich kann, so ein Gegenargument, diese Übertragung der Kritik nur so auffallen, weil der Autor sie selber zur Disposition stellt und seine Sicht des Vaters immer wieder auf die eigene, alles andere als objektive Perspektive zurückführt: Dieser Konflikt ist nur eine weitere Station in der dialektischen Entwicklung einer Erzählung des Nicht-Erzählbaren. »Egal, wie man eine Geschichte erzählt, es geht immer etwas verloren. Was mein Vater erzählt, ist weniger als das, was er erlebte. Und, weil ich ein amerikanisches Kind bin, das mit ›Howdy Doody‹ und ›Mad‹ aufgewachsen ist, ist das, was ich verstehe, weniger als das, was mein Vater erzählte. Und was ich erzähle ist weniger als das, was ich verstand. Und was die Leser verstehen, ist weniger als das, was ich erzählen kann« (Art Spiegelman).

Mit dem Medium Comic hat Spiegelman aber auch dasjenige gewählt, das, aus welchen Gründen auch immer, diesen Machthabern am verhaßtesten war. Am Anfang zitiert er eine Zeitung aus Pommern aus den dreißiger Jahren, in der es heißt, die Mickey Mouse sei »das schändlichste Vorbild, das je erfunden wurde«, um zu der Forderung zu kommen: »Schluß mit der Verrohung der Völker durch die Juden! Nieder mit Micky Maus! Tragt das Hakenkreuz!« Diese Angst vor dem Medium selber, die mit dem bizarren Exorzismus der Mickey

Mouse durch das Hakenkreuz beantwortet wird, mag mit der ästhetischen und semiologischen Kompliziertheit der Comic Strips zusammenhängen, die es zum Beispiel anders als den studio- und drehbuchorientierten Unterhaltungsfilm für die Zensur kaum wirklich berechenbar macht.

Das Bild widerspricht dem Text, so wie in Claude Lanzmanns Film »Shoah« erst die Gesichter der Menschen, die sich reinzuwaschen versuchen, sie überführen. Aber Spiegelman geht, weil er an einer einfachen, persönlichen Geschichte bleiben kann, noch einen Schritt weiter, er zeigt, wie sich auch der Ausdruck der Menschen den Gegebenheiten anpassen kann. Wie bei Lanzmann der Gesichtsausdruck die Rede desavouiert, so widerspricht bei Spiegelman das Umfeld bis in die Richtungen und Zuordnungen der Schraffuren, dem Gesichtsausdruck. Wir sind in einen Prozeß der Suche nach einer Wahrheit einbezogen, die es nicht gibt. Nicht das Ziel, nur der Prozeß selber kann zählen. »Revivre«, noch einmal erleben, nennt Claude Lanzmann, was er von den Menschen in seinem Film verlangt: »Nochmals durchleben – und nicht erinnern. Das ist der Preis der Wahrheit.« Nochmals durchleben ist etwas, das sich im Gegensatz zum bloßen Erinnern fortsetzt. Gerade in seinen Brechungen, in seinen zögernden Bewegungen kommt dieser Comic Strip dem Geschehen so nah, daß nicht einmal der Ausweg in bloße Betroffenheit bleibt. »Maus« hat keine Lösung, kein Ziel, keine Mythologie. Es ist die Arbeit des Nicht-Vergessens selbst.

Literatur:

Günther Anders: »Nach Holocaust«. In: Ders.: Besuch im Hades. München 1979.

Ingo Arendt: »Mengenleere. Künstler forschen nach Auschwitz«. In: »Freitag« Nr. 20 Berlin 1996.

Karl Arndt: »Das ›Haus der Deutschen Kunst‹ – ein Symbol der neuen Machtverhältnisse«. In: Peter-Klaus Schuster (Hg): Nationalsozialismus und »Entartete Kunst«. München 1987.

Arnoldshainer Filmgespräche (Hg): Filmmythos Volk. Zur Produktion kollektiver Identitäten im Film. Schmitten/Ts 1992.

Jan-Pieter Barbian: Literaturpolitik im »Dritten Reich«. Institutionen, Kompetenzen, Betätigungsfelder. Frankfurt/Main 1993.

Gerhard Bliersbach: Schön, daß Sie hier sind! Die heimlichen Botschaften der TV-Unterhaltung. Weinheim 1990.

Helmut Dubiel (Hg): Populismus und Aufklärung. Frankfurt/ Main 1986.

Tilman Ernst: »Holocaust« und politische Bildung. In: »Media Perspektiven« Nr. 4. Frankfurt/Main 1979.

Hans-Jochen Gramm: Der braune Kult. Das Dritte Reich und seine Ersatzreligion. Hamburg 1962.

Inititative Sozialistisches Forum (Hg): Schindlerdeutsche. Ein Kinotraum vom Dritten Reich. Freiburg 1994.

Anton Kaes: Deutschlandbilder. Die Wiederkehr der Geschichte als Film. München 1987.

Hans Peter Kochenrath: »Die Verdammten«. In: »Film« Nr. 12 Velber 1969.

Christine Kostrzewa/Horst Pöttker: »Aus dem Wörterbuch des völkischen Medienschaffenden«. In: »Medium spezial« Frankfurt/Main 1992.

Siegfried Kracauer: Das Ornament der Masse. Frankfurt 1977.

Gerd Lettkemann: »Comics im ›3. Reich‹«. In: »Comixene« Nr. 24. Hannover 1924.

Oskar Negt: »So kam ich unter die Deutschen. Über das Ungenügen des staatsoffiziellen Antifaschismus in der DDR«. In: »Deutsche Volkszeitung« Nr. 23. Düsseldorf 1990.

190

Dieter Prokop: Faszination und Langeweile. Die populären Medien. München 1979.

Dieter Prokop: »Der ›politisierende Effekt‹ von US-Fernsehserien. Wie man durch Begleitstudien alles beweisen kann«. In: »Medium« Nr. 1. Frankfurt/Main 1980.

Wolfgang Ruf: »Wie die Katze um den heißen Brei. Anmerkungen zur ›Holocaust‹-Diskussion«. In: »Medium« Nr. 4. Frankfurt/Main 1979.

Erhard Schütz: »Die Herren der Bücher«. In »Freitag« Nr. 21. Berlin 1994.

Kai-Steffen Schwarz (Hg): Maus – der Holocaust-Comic und die Reaktionen des amerikanischen Publikums. Giessen 1992.

Art Spiegelman im Blickpunkt. In: »Rraah!« Nr. 23. Hamburg 1993.

Hans-Jürgen Syberberg: »Holocaust – Form ist Moral«. In »Medium« Nr. 4. Frankfurt/Main 1979.

Michel Tournier: Der Erlkönig. Hamburg 1972.

Ulrich Wendt: »Legion Condor e.V.« In: »Film und Fernsehen« Nr. 4. Berlin 1993.

Karsten Witte: Lachende Erben, toller Tag. Filmkomödie im Dritten Reich. Berlin 1995.

Aus der Reihe Critica Diabolis